다시
　　만난
──── 여성들

다시
만난
여성들

성지연 지음

잔 다르크에서 김지영까지
삶을 개척한 여성들이 전하는 위로와 응원

　오래전부터 앞서 살았던 여성들의 삶에 관한 책을 쓰고 싶었다. 여성이기 때문에 따라붙는 온갖 제약에도 자기 삶을 개척해간 여성들은 뒤따르던 여성들에게 새로운 삶을 꿈꾸게 했고, 또 다른 삶을 열게 했다. 이 책은 바로 이 앞선 여성들의 삶이 주는 공감과 감동에 관한 기록이다.

　이 책에서 주목하는 삶의 대다수는 젊은 시절부터 어느 정도 알고 있었다. 이번에 그들 자신의 책을, 그들 삶을 다룬 책을 다시 읽으면서 새롭게 발견한 내용을 모아보았다. 어떤 것들은 여성의 관점에서, 어떤 것들은 인간의 관점에서 공감하고 감동했다. 사람은 한 번 만나서 모든 걸 알기 어렵다. 삶도 마찬가지다. 다시 만난 여성들의 삶이 주는 깨달음이 이 책에서 살펴보는 주된 이야기다.

누군들 살아가는 게 쉬울까. 시대적 제약과 개인적 한계가
있기 마련이다. 여성으로 산다는 것은 거기에다 모래주머니
하나를 더 차는 느낌이다. 제1부 '시대와 맞선 여성들'은 이러
한 모래주머니를 달고 있음에도 자신이 원하는 삶을 살기 위
해 노력했던 여성들의 이야기를 담고 있다. 성공이든 실패든
그 당당함만으로 이들의 삶은 힘과 용기를 불어 넣어준다.

잔 다르크, 베티 프리단, 존 바에즈, 수전 팔루디, 리베카 솔
닛, 앙겔라 메르켈, 명성황후, 나혜석, 이태영의 삶이 여기서
다뤄진다. 스스로를 위해, 여성 전체를 위해, 그리고 남녀 모두
가 자유롭고 평등한 사회를 위해 최선을 다했던 이들이다. 어
떤 이들에겐 그들 이후에 태어난 것만으로도 큰 빚을 졌다. 현
재 여성이 내딛는 걸음은 그들이 내디딘 첫걸음 위에 가능한
거였다.

제2부 '정신을 빛낸 여성들'은 독자적인 자신만의 세계를 일
궈나간 여성들의 이야기를 담고 있다. 인류의 역사는 남성의
이름을 훨씬 더 많이 전한다. 그런데 학문과 예술과 사회 활동
의 영역에서 정신의 광채를 보여준 여성들이 존재한다.

마리 퀴리, 제인 구달, 비스와바 쉼보르스카, 메리 올리버,
한나 아렌트, 에바 일루즈, 노리나 허츠, 마리안느와 마가렛,
박래현의 삶이 여기서 다뤄진다. 자연과 인간과 사회에 대한

끝없는 탐구와 깊이 있는 통찰과 아름다운 선행을 선사한 이들이다. 이들을 통해 인류는 더 좋은, 더 나은 삶을 꿈꿀 수 있었다. 젊은 여성들에게 이들의 지혜와 실천을 전하고 싶었다.

제3부 '삶을 사랑한 여성들'은 안네 프랑크를 제외하면 소설 속 여성들이다. 어떤 이들은 실제 인물들보다 더 널리 알려져 있다. 제1부와 제2부의 여성들이 비범함을 보여준다면, 제3부의 인물들은 여성으로서의 삶이 갖는 다채로운 모습을 전한다.

제인 에어, 안나 카레니나, 빨간 머리 앤, 안네 프랑크, 메리 포핀스, 테레자, 티타, 기숙, 김지영이 그 주인공들이다. 삶이란 누구에게든 다 처음 겪는 일이라 서투른데, 그 과정이 호락호락하지 않다. 여성들은 또 여성이라는 이유 하나만으로도 크고 작은 어려움을 겪는다. 허구 속 인물들이지만 이들의 삶에 담긴 실존적인 자각과 사회적인 의미를 숙고해보고 싶었다.

여자애가 왜 저러냐는 소리를 많이 듣고 컸다. 나이가 들면 결혼을 해야 하고 늦기 전에 아이를 낳아야 한다는 말을 정답인 것처럼 들었다. 그런 이야기들은 무언가 선택을 할 때 내 안에도 이미 들어와 있었다.

돌아보면 정답을 따라야지, 아니 그것을 벗어나야지 하는 두 생각 사이에서 어설픈 선택을 하며 살아온 것만 같다. 사실 정답 같은 게 있을 리 없었다. 잘 사는 건 현실에 들러붙는 것만으로 이뤄지지 않았고, 그렇다고 현실에서 떠버리면 사회는 내게 공간을 남겨주지 않았다.

이번에는 이 책에 실린 여성들의 목소리에 귀를 기울여보려고 했다. 용기와 지혜와 사랑으로 보여주는 조언들이었다. 누군가에게도 도움이 됐으면 좋겠다. 자신의 자리를 꼼꼼히 둘러보고 거기서 고개를 빼들며 까치발로 서서 갈 길을 찬찬히 내다볼 때, 이 책에서 살펴보는 여성들의 구체적인 삶이 도움이 됐으면 좋겠다. 모두에게 건투를 빈다.

이 책에 실린 글 대부분은 『여성동아』 2022년 5월호부터 2024년 5월호까지 연재한 에세이들을 다듬어 실은 것이다. 제2부 7장 '노리나 허츠, 외로운 세기의 경제학적 분석'은 새로 썼고, 제3부 5장 '메리 포핀스, 동화에서 걸어 나와 말을 걸다'는 2019년 『주간경향』에 실렸던 글을 고쳐 썼다.

글을 실을 기회를 주신 『여성동아』 편집진에게 감사를 드린다. 특히 원고를 세심하게 읽어준 문영훈 기자님에게 고맙다는 말을 전하고 싶다. 북인더갭 출판사 안병률 대표님과 김남순 편집장님에게도 감사드리고 싶다. 책을 만드는 작업이 워낙 손이 많이 가는 일인데도 원고 하나 하나를 정말 꼼꼼히 살펴봐주셨다.

책을 읽고 생각을 하고 글을 쓰는 것이 이제 내게는 가장 중요한 일이 됐다. 누구나 세상과 소통하며 살아간다. 뒤늦게 발

견한 나의 일에 더욱 충실하고 싶다는 마음을 마지막으로 적
어둔다.

2024년 10월

성지연

차례

1부

시대와
맞선
──────────── 여성들

1.

잔 다르크, 나라를 구한 국민 영웅

이 책의 시작을 누구로 할까 고민했다. 『다시 만난 여성들』 이란 제목에 가장 어울릴 인물로 잔 다르크^{Jeanne d'Arc}만한 이는 없다고 생각했다. 잔 다르크는 마녀로 몰려 불태워졌다 500년 후에 성인으로 추대됐다. 500년에 걸쳐 진행된 극적인 삶의 주인공이었다.

전쟁사에서 여성이 주인공으로 언급되는 경우는 극히 드물다. 그래서 잔 다르크는 더욱 이채로운 인물이다. 평범한 농부의 딸로 태어나 글자를 익히지도 못했다. 집안일을 하고 양 떼를 돌보던 소녀였다. 그러던 그가 어느 날 신의 목소리를 듣고는 전쟁터로 나가 나라를 구했다.

백년전쟁 한가운데서

잔 다르크는 1412년 프랑스 동부 동레미^{Domrémy}에서 태어났다. 1337년에서 1453년에 걸친 영국과 프랑스의 백년전쟁 한가운데 그가 있었다. 당시 영국의 영토는 지금의 프랑스까지 걸쳐 있었다. 왕실 간의 복잡한 혼인 관계로 왕위 계승을 둘러싼 두 나라의 갈등은 격렬했다.

1380년, 프랑스 샤를 6세가 왕위에 올랐다. 그 시절 프랑스는 어지러웠다. 부르고뉴 지방은 적국敵國인 영국과 손을 잡고 프랑스 왕실과 대립했다. 그러다 1420년 프랑스와 영국은 트루아 조약을 체결했다. 샤를 6세의 딸과 영국 헨리 5세를 결혼시켜 그 아들을 영국과 프랑스의 왕으로 세우자는 계획이었다.

1422년, 샤를 6세가 죽자 왕위 계승을 둘러싸고 영국과 프랑스의 갈등에 불이 붙었다. 영국은 샤를 6세의 딸과 헨리 5세 사이에서 태어난 헨리 6세가 프랑스의 국왕임을 주장했다. 이에 반해 프랑스 제후들은 샤를 6세의 아들인 왕세자 샤를을 왕으로 추대했다. 영국과 부르고뉴 연합 세력은 파리를 비롯해 프랑스 영토를 점령하기 시작했다. 프랑스 전역이 전생터가 됐나.

이때 한 시골 처녀가 나타났다. 프랑스와 국왕을 구하라는 신의 음성을 들었다는 신비로운 여성이었다. 왕의 앞에 나아갈 때까지 역사에 흔적이 있을 리 없던 여성이었다. 바로 이 여성이 전쟁을 승리로 이끌었고 프랑스를 구해냈다. 잔 다르크였다.

독일의 저널리스트 헤르베르트 네테^{Herbert Nette}는 1977년 독일 로볼트 출판사 인물 평전 시리즈의 하나로『잔 다르크』(한길사 1988, 이하 인용은 같은 책인 경우 책명과 쪽수만 적음)를 내놓았다. 잔 다르크는 재판을 받으며 진술을 남겼고, 세상을 떠난 후 진행된 복권 재판 관련 인물들의 진술도 남아 있었다. 네테는 재판 기록들을 통해 잔 다르크의 삶에 접근했다. 살아서나 죽어서나 혼란한 이야기들에 휩쓸린 잔 다르크의 생을 그의 책을 통해 살펴봤다.

1428년, 프랑스의 오를레앙이 포위됐다. 당시 잔 다르크는 10대 후반이었다. 동레미는 부르고뉴와 인접한 지역이었다. 주민들은 영국과 부르고뉴 연합군의 습격을 피해 요새로 피신해야 했고, 돌아오면 마을은 황폐해져 있었다. 프랑스 국왕 편이었던 동레미 청년들과 부르고뉴 편이었던 이웃 마을 청년들은 패싸움으로 피를 흘리곤 했다. 1428년 12월, 잔 다르크는 홀연히 길을 나섰다. 왕세자 샤를을 정식으로 즉위시키고 프랑스를 구하기 위해서였다.

잔 다르크가 신의 음성을 처음으로 들은 것은 열세 살이었다. 어느 날 천사 성^聖 미카엘을 보았다. 음성은 자주 들렸다. 프랑스로 가야 한다고 했고, 오를레앙의 점령군을 몰아내라고 했다. 음성은 성채의 사령관을 찾아가라고 했다. 사령관은 처음엔 잔 다르크를 내쫓았지만 결국 기사들과 함께 잔 다르크를 왕에게 보냈다.

> 하늘의 군주께서 맡긴 소임이 두 가지 있소. 첫째는 오를레앙을 해
> 방하는 일이고, 둘째는 왕을 랭스로 모시고 가 기름부음을 받고 즉위
> 하게 하는 일이오. 『잔 다르크』 34쪽

잔 다르크는 왕을 만나러 온 이유를 이렇게 밝혔다. 남장을 하고 머리를 짧게 깎은 채였다. 이때 잔 다르크는 믿기 힘든 일을 보여줬다. 잔 다르크의 능력을 시험하기 위해 신하들 사이에 숨어 있던 왕을 찾아낸 거였다. 잔 다르크는 왕에게 영국에 맞서 전쟁을 지휘하겠다고 말했다.

잔 다르크의 계획은 먼저 오를레앙에서 영국군을 몰아내고 왕의 지위를 단단히 하겠다는 거였다. 화형장에서 세상을 떠나기까지 3년 남짓한 기간 동안 오로지 이 목표를 향해 나아갔다. 잔 다르크는 첫 번째 일을 해냈다. 우회로를 택하려는 군대를 다그치고 앞장서서 오를레앙을 되찾았다. 잔 다르크는 오를레앙의 해방이 자신이 신이 보낸 사람이란 표식이라고 주장했다.

다음은 왕의 대관식이었다. 장관과 사령관들은 랭스로 곧바로 진군하는 데 반대했다. 하지만 잔 다르크가 앞장선 군대는 영국에 넘어갔던 지역의 항복을 받으며 랭스로 향했다. 그곳

에서 샤를 7세는 대관식을 치렀다. 잔 다르크는 눈물을 터뜨리며 왕에게 엎드려 이제 샤를 7세가 프랑스의 국왕이라는 게 분명해졌으니 프랑스가 그에게 복종할 것이라고 말했다. 자신에게 부여된 두 번째 일이었다.

대관식 후 왕은 부르고뉴와 외교적 협상을 진행했다. 하지만 잔 다르크는 신으로부터 받은 마지막 소명인 파리 점령을 재촉했다. 그런데 안타깝게도 파리 점령에 실패하고 잔 다르크는 부상까지 입었다. 왕이 평화 협상을 진행하는 중에도 잔 다르크는 영국이 점령한 도시들을 탈환하는 전투에 나섰다.

잔 다르크의 최후 전투는 멜룬에서 이뤄졌다. 멜룬은 부르고뉴인들의 주둔을 거부하며 잔 다르크 군대를 받아들였다. 하지만 전투에 나섰던 잔 다르크 군대가 성으로 다시 퇴각하려 했을 때, 멜룬의 지휘관은 다리를 들어올려 퇴각로를 막아버렸다. 잔 다르크는 부르고뉴인들에게 포로로 잡히고 말았다.

종교재판과 복권

프랑스에 잔 다르크는 구원과 같은 존재였다. 신의 뜻이 프랑스에 있다는 증거 그 자체였다. 반대로 영국에는 성가신 존재였다. 부르고뉴는 엄청난 몸값을 받고 잔 다르크를 영국에 넘겼다. 영국은 루앙에서 잔 다르크를 이단 혐의로 재판에 회부했다. 재판장은 마녀들의 마술과 우상을 숭배하며, 악마와 교류하고, 정상 생활에 어긋나는 일을 저지르는 여자라고 잔 다르크를 비난했다.

열아홉 살의 잔 다르크는 60명의 성직자와 학자들에 맞서야 했다. 심문의 초점은 주로 잔 다르크가 들은 음성들, '표식'을 통해 보장된 소명 그리고 남장을 했던 것에 맞춰져 있었다. 심문 과정에 관한 기록을 보면 신학적으로 파놓은 함정을 당당하게 피해가는 잔 다르크의 깊은 신앙심을 알 수 있다.

다행히 재판부는 잔 다르크에게 고문은 하지 않기로 결정했다. 그래도 결과는 원래의 목적과 어긋나지 않았다. 루앙의 재판정에선 다음과 같은 잔 다르크의 죄가 낭독됐다. 음성들, 성인들과 가졌던 교류, 왕과 나눈 비밀, 예언, 남자 옷을 입은 것, 부모를 떠난 것, 자살 시도, 선동과 잔인함, 우상 숭배, 교회에 승복하지 않는 이단성 등이 그것들이었다.

다음 날 화형장에 끌려간 잔 다르크는 마지막으로 주어진 전향 요구를 받아들였다. 그는 쇠사슬에 묶여 감옥으로 돌아갔다. 하지만 사흘 후 잔 다르크는 다시 남자 옷을 입었고, 전향은 화형의 두려움 때문에 행한 잘못이었다고 밝혔다. 이에 재판정은 이단자에게 마녀의 성질이 재발했기 때문이라며 결국 화형을 재결정했다. 1431년 화형은 집행됐고, 그의 뼛가루는 센강에 뿌려졌다.

그로부터 5년 후 샤를 7세가 파리를 되찾았다. 샤를 7세는 재심을 요청했다. 이에 교황청은 영국과 프랑스 사이 국제 정쟁에 끼어들기보다 잔 다르크 개인의 문제로 해결하려고 했다. 잔 다르크의 어머니가 교황에게 낸 청원을 받아들이는 게 그 방식이었다. 복권 재판은 앞선 재판을 무효화시켰다. 거짓과 중상과 악의와 모순으로 가득했고, 법안과 사안을 다루는 데 분명한 오류가 있었다는 게 그 이유였다.

깃발을 든 잔 다르크

21세기 현재의 시점에서 잔 다르크의 삶은 어떻게 볼 수 있을까. 잔 다르크의 삶에서 읽고 싶은 건 한 여성이 소망을 좇아간 여정이다. 그 소망은 뭘까. 평화였을 거다. 그런데 그것은 전쟁 승리를 통한 평화였다.

국가라면 먼저 독립적인 영토와 국민이 있어야 한다. 영국과 프랑스의 백년전쟁을 보면 이 두 가지가 모두 혼란스럽다. 특히 프랑스인들의 시각에서 보면 100년 동안 전쟁터에서 살아야 했다. 목숨을 위협받고 피란을 다니고 일상이 파괴되는 참상을 겪어야 했다. 이로부터 벗어나기 위해선 영토를 회복하고 즉위식을 통해 국왕이 위엄과 정당성을 획득해야 했다.

잔 다르크는 오를레앙을 회복해 프랑스 영토를 되찾고 샤를 7세가 프랑스의 국왕임을 인정받게 하기 위해 집을 떠났다. 신의 음성은 조국 프랑스와 프랑스인들에게 평화를 안겨주기 위한 방법에 들어맞았다.

때는 15세기 유럽의 중세였다. 신앙이 삶의 중심인 시대였다. 잔 다르크도 신앙을 중요하게 여기며 성장했다. 성당에서 세례를 받았고 신앙심이 깊은 어머니를 따라 경건한 생활을 했다. 그러다가 신의 뜻으로 여겨지는 음성을 들었다. 잔 다르크는 신이 프랑스의 편이라는 표식을 가져다줬다. 잔 다르크에게 환호한 프랑스 사람들이나 전투를 치러야 했던 프랑스 병사들에게 이보다 더 큰 격려는 없었다.

주목할 건 영국군으로부터 오를레앙을 회복한 후 다른 도시와 성들을 되찾으며 랭스로 나아갈 때 잔 다르크가 보여준 모습이었다. 죽어간 수많은 사람들을 보고 잔 다르크는 울었다. 부상당한 포로를 괴롭히는 프랑스 병사의 잔인성에 괴로워했고, 말에서 뛰어내려 죽어가는 포로의 머리를 끌어안고 위로하기도 했다. 잔 다르크가 진정 원한 것은 평화였다. 다만 그것은 전쟁이라는 대가를 치른 평화였다.

잔 다르크의 상징은 칼이 아니라 깃발이었다. 재판정에서 잔 다르크는 적이 공격해올 때 사람 죽이는 것을 피하기 위해 깃발을 들었고, 한 번도 사람을 죽인 적이 없다고 당당하게 응답했다. 전쟁은 사람을 죽이는 잔인한 일이었지만, 평화를 얻기 위해 전쟁을 치러야만 했다. 전쟁과 평화의 모순을 헤쳐 나가려는 잔 다르크의 불가피한 선택이었다.

현대 화가 앨버트 린치에 의해 재해석된 잔 다르크

안과 밖의 승리자

잔 다르크가 프랑스의 국민 영웅이 된 것은 당연했다. 잔 다르크를 기리는 그림들이 그려졌고 전기들이 출판됐다. '나라를 구한 처녀'는 잔 다르크를 상징하는 말이 됐다. 나라를 구했다는 말은 아무에게나 쓰는 수사가 아니다. 우리나라에서도 이순신 장군과 같은 반열에 오른 이들에게만 허락되는 말이다.

다른 나라 사람인 나의 시선을 끄는 건 잔 다르크가 10대 후반의 여성이었다는 사실이다. 복권 심사에서 증언한 사람들은 잔 다르크가 부지런했고 겸손했고 자애로웠고 매우 경건했다고 진술했다. 외향적이기보다 내성적인 여성으로 보인다. 그는 머리를 자르고 남자 옷을 입으며 마음을 다잡았을 거다. 치마를 입은 채로 나서면 사람들이 진지하게 대하지 않을 거라고 우려했을 것이다. 여성 복장을 하고서는 너무 위험한 길이라고 생각했을지도 모르겠다. 어떤 이유든 그 일이 죽을죄 중 하나라는 건 너무나 어처구니없다.

내가 놓치고 싶지 않은 건 15세기를 살았던 잔 다르크의 삶이 21세기 현재에도 왜 반복적으로 읽히고 기려지느냐다. 자기 나라를 사랑하는 애국주의를 먼저 떠올릴 수 있다. 그런데 잔 다르크에겐 애국주의를 넘어선 그 무엇이 존재한다. 비참한 전쟁에 맞서는 평화에의 간절한 소망, 지상의 교회에 맞서는 하느님을 향한 순정한 신앙이 그 무엇일 것이다.

여기에 더해 당당하고 독립적인 인간으로서의 모습이 21세기에도 잔 다르크를 기억하게 하는 것 아닐까. 잔 다르크는 자신의 신앙을 믿었고 자신의 행동에 떳떳했다. 깃발을 들고 맹렬히 전쟁터를 누빈 것처럼 잔 다르크는 내면의 전쟁에서도 꿋꿋이 자존감을 지켜나갔다. 안과 밖의 전쟁에서 잔 다르크는 자신의 모든 것을 걸었고, 그 안과 밖에서 진정한 승리자가 됐다.

오랜 세월 침묵을 지켰던 교황청은 1909년 잔 다르크를 복자福者로 추대했다. 이어서 1920년 교황 베네딕투스 15세에 의해 다시 성인으로 추대됐다. 그의 축일은 5월 30일이다.

2.

베티 프리단,
페미니즘의 두 번째 물결을 이끌다

1960년대 초반 미국에서 있었던 일이다. 신문기자 출신 주부 베티 프리단[Betty Friedan]은 미국 여성지 속 주인공이 달라졌다는 사실을 발견했다. 1950년대 이전에는 대담하고 매력적이며 공적인 사회생활을 하는 여성들이 주인공이었지만 그 이후에는 행복한 주부들이 그 자리를 차지했다는 것이다. 여성들은 왜 사회를 외면하고 가정으로 돌아간 걸까.

이 질문과 답변을 담은 책이 프리단이 1963년 발표한 『여성의 신비』[The Feminine Mystique](이매진 2005)다. 제목은 여성의 삶을 '신비[mystique]' 속에 가둬둔다는 의미다. 신비란 신기하고 비밀스럽다는 뜻이다. 프리단은 당시 신기하고 비밀스러운 것들이 여성의 삶에 결정적 영향을 미치고 있음을 발견하고 그 이면을 응시한다.

이 책은 미국에서만 300만 부 이상 팔리며 서구사회 전체에서 놀라운 호응을 얻었다. 미래학자 앨빈 토플러^{Alvin Toffler}는 『여성의 신비』가 '역사의 방아쇠를 당긴 책'이라고 높이 평가했다.

이름 붙일 수 없는 문제들

1950년대 말 미국 여성의 평균 결혼 연령은 10대로 낮아졌다. 대학 재학생 중 여성 비율은 1920년 47%에서 1958년 35%로 떨어졌다. 프리단은 100년 전 여성들이 고등교육을 받고자 투쟁했던 반면 이제는 좋은 남편을 만나기 위해 대학에 간다고 지적했다.

당시 미국 출생률은 인도를 능가했다. 여성들은 금발과 마른 몸매를 갖는 데 몰두했고, 그들의 꿈은 결혼해 많은 아이를 낳고 교외에 있는 멋진 집에서 사는 것이었다. 그런데 이런 꿈을 꾸는 여성들은 이른바 '이름 붙일 수 없는 문제들^{the problem that has no name}'에 시달렸다. 공허감, 피로, 이유 없는 눈물 등이 그것들이었다. 당시 이 문제들은 '가정주부 증후군'으로 불렸다.

프리단의 삶도 크게 다르지 않았다. 그는 1942년 어느 봄날 자신의 꿈이 예기치 않게 끝났다는 사실을 기억해냈다. 당시 그는 심리학 박사과정 장학금을 받을 예정이었다. 남자친구는 반대했다. 그에게 가장 중요한 문제는 학업이 아니라 사랑이었다.

결국 프리단은 장학금을 포기하고 신문사에서 일했다. 곧이어 결혼을 했고, 아이를 낳았고, '여성의 신비'에 이끌려 교외의 가정주부로 살았다. 문제는 프리단이 그 과정에서 인생의 목적의식이나 심리적 안정을 얻을 수 없었다는 사실이었다.

> 나는 자신의 지성을 활용해 세계 속에서 한 사람의 역할을 맡으면서도 훌륭한 연애도 하고, 아이도 기르고 있는 여성을 한 사람도 알지 못한 채 자랐다. 『여성의 신비』 147쪽

어느 날 찾아온 프리단의 깨달음이었다. 그는 자신의 삶을 돌아보며 많은 여성들을 인터뷰했다. 졸업 후 무엇을 해야 할지 모르겠다는 대학 졸업반 여학생들의 절망, 부인과 어머니 역할 말고 일생을 걸고 할 일이 무엇인지를 생각해보는 데 10년이 걸렸다는 주부들의 한탄 등을 들었다.

프리단 본인을 비롯한 많은 여성들의 문제는 각자가 생각하는 이상적인 여성상을 주변에서 찾기 힘들다는 데 있었다. 그는 가능성을 포기하고 좌절감을 안은 채 주부로 살았던 어머니처럼 되고 싶지는 않았다. 그렇다고 따뜻한 생활의 중심부

에서 벗어난 듯한 노처녀 고교 교사나 도서관 사서처럼 살고 싶지도 않았다.

프리단이 책에서 인용하는 심리학자 에릭 에릭슨^{Erik Erikson}은 청년기에 나타나는 중요한 위기를 '자아의 위기'라고 명명했다. 자신이 어떤 사람인지, 앞으로 어떤 사람이 되고자 하는지를 결정 내릴 때 자아의 위기가 발생한다. 남성의 경우 아버지로부터 남성의 이상적 모델을 물려받지 못하면 고통과 불안을 경험한다. 그래서 성장의 괴로움을 겪으며 자신의 정체성을 찾는 과정을 거치게 된다.

여성들의 경우는 어떨까. 프리단은 앞서 말한 여성의 신비가 그 정체성의 빈자리를 파고든다고 파악했다. 여성이 자기 정체성을 발견해 위기에서 벗어나 성숙한 인격을 갖는 길을 여성의 신비가 막아버렸다는 거였다

그렇다면 이 '여성의 신비'는 누가 만들어낸 걸까. 프리단에 따르면 미디어 종사자, 광고 제작자, 심리학자, 사회과학자, 교육자들의 공모였다. 이들은 여성을 가정에 묶어두려고 했다. 대학에 다닐 여성들을 일찍 결혼하게 했고, 그들에게 행복한 주부라는 '여성의 신비'에서 삶의 성취를 느끼도록 만들었다.

여기서 특히 주목할 것은 고소득 주택단지의 28명 주부에 대한 인터뷰다. 몇몇 30-40대 초반의 여자들은 대학을 졸업했고, 더 어린 여자들은 결혼 때문에 대학을 중퇴했다. 이들의 내면은 황량하기 그지없었다. 28명 중 정신분석 치료를 받는 사

람이 16명이었는데 그 가운데 8명은 신경안정제를 복용했고, 어떤 이들은 자살을 기도했다.

　프리단의 질문은 간단했다. 이 훌륭하고 지적인 미국 여성들이 왜 정신적 불안을 겪는지였다. 프리단이 발견한 이들의 공통점은 교육을 받고 재능과 능력을 개발했지만 이후 교외 가정주부로서의 삶이 그들의 재능을 부정하고 있었다는 사실이었다.

　　결국 완전한 인간으로서의 여성의 등장을 사회가 꺼려할수록 '여성의 역할'에 대한 찬미는 비례해서 움직이는 것 같다. 왜냐하면 그 역할이 갖는 기능이 적을수록, 여성의 신비는 그 무의미를 위장하기 위해 뜻도 없는 갖가지 말들로 장식되어왔기 때문이다. 『여성의 신비』, 400쪽

　슬픈 일이다. 유능한 여성들은 충실한 주부로서의 자신의 모습에 확신을 얻으려 노력했다. 계속해서 아이를 갖거나 자질구레한 집안일에 창조적인 의미를 부여했다. 하지만 프리단이 보기에 집안일은 인간의 능력을 충분히 활용하지 않아도 되는 것이었고, 창조적인 에너지를 소모할 수 있는 방법도 아니었다.

　당시 대다수 주부들은 반복되는 일, 단조로운 환경, 고립감, 자극의 결핍에서 비롯된 만성피로를 겪고 있었다. 주부들의 이

러한 이름 붙일 수 없는 병은 자녀들에게도 수동성, 우유부단함, 지루함 등의 증세로 나타났다. 여기에 더해 어머니와의 공생 관계에서 발생하는 새로운 아동 병리 증세들이 생겨났다.

인간에게 성장은 저절로 얻어지는 게 아니다. 성장하려는 충동과 새로운 상황에 대한 두려움은 갈등을 일으킨다. 여성의 신비는 소녀들에게 성장을 하지 않아도 된다고 가르쳤다. 성장에 대한 회피는 일에 몰입하지 않거나 다른 사람에게 의존하는 대리 생활로 나타났다. 성장을 회피한 여성들은 정서적으로, 육체적으로 그 대가를 치를 수밖에 없었다.

가정, 안전한 포로수용소

프리단은 경고했다. 새롭게 적응하여 훌륭한 가정주부로 거듭나려는 여성은 마치 수용소 안에서 죽음을 기다리는 사람만큼 위험하다는 것이었다. 포로들은 자신의 유일한 현실인 수용소에 적응했기 때문에 정신적으로 감금됐다. 여성의 신비라는 관념에 깊게 구속된 여성들은 자신을 가정이라는 사면의 벽 안에 가뒀다. 프리단에게 가정이란 결국 '안전한 포로수용소'에 불과했다.

프리단은『여성의 신비』출간 이후 덧붙인 에필로그에서 책 출간 후 달라진 삶에 대해 쓰고 있다. 그는 이웃의 파티에 초대받지 못했고, 아이들은 카풀에서 쫓겨나 학원을 다니지 못했다. 교외의 주부들에게 프리단은 점점 더 별난 존재가 됐고, 결국 도시로 이사를 가야 했다. 어떤 여성들은 프리단에게 적개심까지 드러냈다.

좀 직설적으로 얘기하면, 프리단은 주부들이 여성의 신비에 속아서 아무 의미도 없는 집안일에 인생을 낭비한다고 지적하는 거였다. 무의미에 따른 공허감을 피하기 위해 아이를 더 낳거나, 꼭 하지 않아도 되는 청소를 해가며 집안일이 힘들다고 엄살을 피운다고 비판하는 셈이었다.

물론 프리단은 여성들을 비난할 의도가 없었다고 강조했다. 여성 스스로 새로운 삶의 양식을 만드는 게 어려운 일임을 말하려는 것이 그의 의도였다. 프리단 자신도 혼자 있는 걸 두려워한 무력한 주부였다. 하지만 그 무력함에 맞서 이제 포로수용소와 다름없는 가정을 벗어나기를 희망했다.

> 나는 소녀들로 하여금 대신 살고, 일에 대해 사명의식을 느끼지 않게 성장하지 못하도록 고무시켰던 여성의 신비가 주부라는 역할의 허무함을 감추는 한, 여성의 신비는 계속될 것이라고 생각한다. 『여성의 신비』, 498쪽

여성의 신비가 쉽게 깨질 신화는 아니었다. 프리단은 사회변화 없이 여성문제가 해결되지 않는다는 사실을 깨달아갔다.

당대의 페미니스트들과 함께한 베티 프리단.
왼쪽부터 NOW의 공동 설립자 테레자 빌링턴, 베티 프리단,
로비스트 바바라 아이어튼, 변호사 마거릿 라왈트.

이후 프리단은 전미여성기구^{NOW} 창립을 포함해 여성운동에서 커다란 역할을 맡았다. 전미여성기구는 오늘날 미국에서 규모가 가장 큰 여성 단체다.

프리단이 고심 끝에 도달한 대안은 경제적 독립과 게임 규칙의 변경이다. 여성이 완전한 인간의 잠재력에 도달하려면 경제적으로 독립해야 한다. 이를 위해서는 여성의 구직 활동을 방해하는 장벽을 제거하고 직업, 결혼, 가정에서 게임의 규칙을 바꾸는 것이 중요하다고 지적한다.

『여성의 신비』가 여성운동 제2의 물결에 큰 영향을 미친 이유가 여기에 있었다. 20세기 초 제1의 물결이 참정권 등 공적 영역에서 남녀평등의 권리 획득에 주력했다면, 제2의 물결은 그 범위를 직업과 가족 등 사적 영역까지 넓혔다. 법적 평등을 획득했다 하더라도 실질적 평등을 향해 가는 길은 멀고, 때로는 퇴행의 시기를 맞기도 한다. 프리단은 이 퇴행의 시기를 고발했고, 새로운 전진을 요청했다.

프리단의 눈으로 본 한국 여성

오늘날 한국은 어떨까. 여성들이 다 같은 종류의 삶을 사는 건 아니니 하나로 묶어 말하기는 어렵다. 나와 같은 50대 이상의 주부들은 오랫동안 제대로 평가받지도 못하는 가사노동에 시달려왔을 것이다. 젊은 주부들은 가사노동과 함께 직업을 구해 가계 수입을 창출해야 한다는 이중고를 겪고 있을 터다.

여성학자 정희진은 『여성성의 신화』(갈라파고스 2018)로 제목을 바꿔 재출간된 『여성의 신비』 해제에서 이 시대 여성들의 근본적 고민은 여전히 남성과의 불평등에 있고, 단지 '선택'이 다양해졌을 뿐이라고 지적한다.

불평등은 통계수치로도 드러난다. 영국 『이코노미스트』가 2024년 발표한 유리천장지수(직장 내 여성이 동등한 대우를 받을 수 있는 기회를 평가하는 지표)에서 한국은 12년째 조사 대상인 경제협력개발기구^{OECD} 29개국 가운데 최하위다. 성별 임금 격차, 관리직 여성 비율, 기업 내 여성 이사 비율이 각각 29위, 28위, 28위다. 가부장 문화가 강한 것으로 알려진 일본이 27위, 튀르키예가 28위다. 아이슬란드, 스웨덴, 노르웨이, 핀란드 등 북유럽 국가가 상위권을 이루고 있다.

여기서 특히 주목할 것은 성별 임금 격차. 우리나라는 2023년 31.2%였다. 남성이 100만원의 임금을 받는다면 여성은 68만 8000원을 받는다는 의미다. 이는 조사 대상국 평균(12.1%)의 약 2.6배다. 『이코노미스트』는 한국과 일본, 튀르키예 여성들은 여전히 직장에서 커다란 장애물에 직면해 있다고 지적했다.

오늘의 한국 여성은 가정 안에서는 가사노동의 압박에, 가정 밖에서는 임금과 승진에서의 차별에 시달리고 있다. 프리단이 제안하는 것처럼 가정이라는 포로수용소를 넘어서 직업을 갖고 공적 일에 참여하려면 무엇보다 가정 내에서의 차별 없는 노동 분담과 남녀평등의 제도적인 뒷받침이 시급하다.

상황이 이러한데도 최근 페미니즘과 성평등에 대한 논란이 끊이지 않는 게 안타깝기만 하다. 분명한 차별이 존재하는데도 이를 시정하기보다는 정치권 일부가 자신의 목적을 위해 남성과 여성 간의 갈라치기를 시도하는 현실을 지켜보면, 여성의 앞날은 물론 나라의 앞날을 걱정하게 된다.

> 미국의 주부들은 (…) 자신의 인간적인 자유를 행사해 자아의식을 회복해야 한다. (…) 자신의 선택에 따라 다시 새로운 삶을 살아야 하고, 이름 없고 비인간적으로 조종하는 것에서 벗어나야 한다. 그리고 성장해야만 한다. 『여성의 신비』, 506쪽

프리단의 말이다. 『여성의 신비』가 발표된 지 60년이 넘었지만, 그의 주장은 여전히 경청할 만하다. 특히 한국에서 살아가는 내게 안기는 의미는 결코 작지 않다. 다시 살아보라고 하면 프리단처럼 페미니스트 운동가로 살지는 못할 것 같다. 그러나 프리단의 충고처럼 당당한 주체로서의 자아의식을 가진 인간이사 여성으로 살아가야 한다고 생각하고 있다. 프리단과 같은 선각자가 있어 참 든든하다.

3.

존 바에즈, 인권과 반전을 노래하다

어릴 적부터 노래를 좋아했다. 노래는 어디에나 있었다. 중고등학교 시절, 다음 날 시험인데 밤늦도록 라디오로 노래를 들었다. 젊은 날에는 친구들과 같은 마음을 확인하기 위해 함께 모여 노래를 불렀다. 쓸쓸한 날에는 혼자 누군가의 노래에 귀를 기울였다.

미국 가수 존 바에즈^{Joan Baez}의 노래를 그때 어디선가 들었다. 청아하면서도 구슬펐다. 청승맞았다고 할까. 「Donna Donna(도나 도나)」, 「The River In The Pines(솔밭 사이로 흐르는 강)」, 「Diamonds And Rust(다이아몬드와 녹부스러기)」 등이었다. 밥 딜런이 작곡한 「Blowing In The Wind(바람만이 아는 대답)」나

「Forever Young(영원한 젊음을)」도 그의 목소리로 자주 들었다.

바에즈가 1987년에 출간한 『존 바에즈 자서전: 평화와 인권을 노래하다』*And a Voice to Sing with: A Memoir* (삼천리 2012)를 보니 바에즈와 딜런은 한때 연인이었다. 「다이아몬드와 녹부스러기」는 딜런과의 추억에서 나온 곡이었다. 영어 노래 가사를 그대로 알아들을 리 없었고 드문드문 단어들만 귀에 들어왔다. 추억에는 보석 같은 순간과 마음 시린 순간이 있다는 정도로 알아들었던 것 같다.

바에즈 자서전을 읽으며 다른 노래들도 찾아 들었다. 옛날에는 음반을 사야 음악을 들을 수 있었다. 이제는 유튜브로 온갖 노래를 다 들을 수 있고 친절하게 번역된 가사들까지 붙어 있다. 그런데 기억과는 좀 달랐다. 바에즈는 서정적인 노랫말 사이에 절대 잃어버릴 수 없는 것, 절대 지켜야 하는 것, 절대 타협할 수 없는 것들을 놓아뒀다. 바에즈의 삶이 궁금해졌다.

길 위의 스타와 신의 종

> 나는 음악 '만으로는' 충분하지 않아요. 음악에서 그러하듯 전쟁터에서도 생명의 편을 들지 않는다면, 그 모든 소리가 아무리 아름답다 해도 소용없죠. 『존 바에즈 자서전』, 35쪽

책의 서문을 쓴 음악평론가 앤서니 드커티스가 인용해놓은

말이다. 바에즈가 1970년에 한 말이다. 자신의 음악도 생명의 편에 있지 않으면 무의미하다는 말이다. 바에즈는 열여섯 살이 되기도 전에 '비폭력주의'에 관심을 가졌다. 마하트마 간디가 세계에 널리 소개하고 마틴 루서 킹이 미국에 들여온 급진적인 비폭력 개념이다.

1963년 마틴 루서 킹이 미국 워싱턴 D.C.에서 '내겐 꿈이 있습니다'라는 유명한 연설을 했을 때 바에즈는 그 자리에 있었다. 이미 성공한 가수였던 바에즈는 35만 명의 군중을 이끌며 「We Shall Overcome(우리 승리하리라)」을 선창했다. 바에즈는 그날 그 자리에서 노래했다는 이유로 스스로에게 마음의 훈장 하나를 수여했다고 돌아봤다. 바에즈는 오랫동안 흑인 인권운동에 참여했고, 베트남전쟁이 시작되자 반전운동으로 나아갔다.

『존 바에즈 자서전』이 투사 가수가 탄생한 이야기냐 하면 꼭 그렇지만은 않다. 바에즈가 보여준 것은 오히려 인간이란 그렇게 단순한 존재가 아니라는 점이다. 누구의 삶도 쉽지 않다. 바에즈는 '길 위의 스타'와 '신의 종'이라는 두 역할 사이에서 늘 동요했다고 밝혔다. 동요는 개인적 성공과 공적인 가치, 즐기는 인생과 하나님의 소명 사이의 갈등이었다.

자서전에는 바에즈 자신이 겪은 불쾌한 일화도 등장한다. 한 만화가가 '조애니 포애니'라는 인물을 그렸다. 조애니 포애니는 리무진을 타고 비싼 순회공연을 다니며 가난과 굶주림에 반대하는 노래를 부르는 인물이었다. 바에즈는 항의했지만 만

화가는 조애니 포애니가 존 바에즈가 아니라고 부인했다. 바에즈 스스로도 부와 명성으로 혼란을 겪었다. 버는 돈의 많은 부분을 기부하면서도 돈이 많다는 죄의식에 시달렸다. 바에즈는 파리에 가서 값비싼 드레스를 입어보고 스스로를 여왕처럼 느꼈다. 그리고 바로 울기 시작했다.

반전 가수로서의 삶

1960년대 미국에서 베트남전쟁은 뜨거운 주제였다. 바에즈는 징집 반대를 위한 데모에 참여했고, 이로 인해 두 번이나 구치소에 수감됐다. 또 동료들과 '비폭력연구소'를 열었는데, 여기서 비폭력에 대한 공부와 묵상과 기도 등 영적인 수행을 했다.

1972년, 바에즈는 '국회의사당을 에워싼 인간 띠' 시위를 조직했다. 베트남 여성 및 아이들과 연대하겠다는 상징적인 행위였다. 같은 해, 바에즈는 미국 전투기 B-52가 폭격을 퍼붓는 베트남 하노이를 13일간 방문했다. 미국 민간단체가 베트남 국민들과 우호적인 관계를 유지하기 위해 북베트남으로 방문객을 보내고 있었다. 바에즈 일행은 전쟁포로들에게 크리스마스 우편물을 전달하기 위해 떠났다.

그때 바에즈는 온갖 신경증을 앓고 있었다. 거기다 낯선 음식을 먹어야 했고, 밤 여행을 해야 했고, 낯선 사람들과 동행해야 했다. 머릿속 걱정으로 온몸이 마비될 지경이었다. 여행은 의미 있었지만, 바에즈는 미국으로 돌아오는 데 큰 어려움을 겪었다.

여행 사흘째 되는 날 밤 미국의 폭격이 시작됐다. 방공호로 대피한 바에즈는 두려웠다. 하노이를 방문한 13일 중 11일 동안 '크리스마스 폭격'이 쏟아졌다. 죽음은 도처에 있었다. 돌아가려고 했으나 비행기가 없었다. 중국 비행기만이 유일하게 활주로를 이용할 수 있었다. 중국 대사관에 가서 사정을 한 후에야 하노이를 벗어날 수 있었다.

바에즈는 미국으로 돌아와 베트남에서 녹음한 소리들을 넣어 앨범 「Where Are You Now, My Son?(아들아, 넌 지금 어디 있니?)」을 만들었다. 베트남 국민들에게 보내는 선물이자 살아남은 것에 대한 고마움의 기도였다.

가수들의 삶은 각각 다를 것이다. 그렇지만 싱어송라이터들의 삶은 어떤 식으로든 노래와 연결된다. 살면서 보고 듣고 생각하고 행동한 모든 것이 자신의 노래에 담겨 있기 때문이다. 바에즈는 쉽지 않은 삶을 선택하고 쉽지 않은 길을 걸어가며 노래를 불렀다.

쉽지 않은 것은 가정생활도 마찬가지였다. 1967년 바에즈는 징집을 거부한 젊은이들을 지원하다 어머니와 함께 수감됐다. 면회 온 데이비드 해리스 역시 징병 거부 운동에 참여하고 있었다. 바에즈는 1968년 해리스와 결혼했다. 바에즈는 좋은 아

존 바에즈

내가 되려고 애썼다. 그는 스스로를 여왕에서 아내로 변화시키고자 정신과 진료실에서 상당한 시간을 보냈다고 고백했다. 바에즈는 남편과의 불화에도 불구하고 아내 노릇을 제대로 해낼 때는 무척 행복했다.

거기까지였다. 감옥에 갇혔던 남편이 돌아온 후 바에즈는 이혼했다. 시사주간지 『타임』이 '세기의 결혼'이라고 말한 그 결혼이었다. 둘 사이엔 아이도 있었다. 바에즈는 숨을 쉴 수 없었기 때문에, 더 이상 아내가 되기 위해 애쓸 수 없었기 때문에, 자신이 누구에게도 속하지 않는 사람이었기 때문에 이혼했다고 술회했다. 아내 노릇을 제대로 해낼 수 없었을 때 느끼는 실패감보다 외로움을 택하겠다는 거였다.

바에즈는 이혼 과정을 담담하게 밝혔다. 이혼은 남들처럼 싸우고 울며, 양육권을 놓고 협상하며 무너지는 과정이었다. 바에즈는 당시 어리석고 소유욕이 강했지만 아이를 사랑하는 부모로서 각자 최선을 다했다고 돌아봤다. 참 자신에게 솔직한 가수였다.

노래하는 기쁨

나는 기쁘다. 걱정도 무대 공포증도 없이, 오직 누군가가 나를 필요로 한다는 기분 좋은 느낌. 그리고 나의 기운과 목소리를, 투쟁 속에서 살고 특별한 방식으로 나의 진가를 인정하는 사람들에게 빌려주

고 싶은 욕망만이 존재할 뿐이다. 『존 바에즈 자서전』, 527쪽

바에즈는 1980년대 초반 레흐 바웬사가 살고 있는 폴란드를 방문했다. 오랫동안 폴란드 독립자치노동조합 '연대^{Solidarnosc}'를 이끌었고, 폴란드에서 사회주의 정권이 몰락한 후 제2대 대통령에 취임한 바로 그 바웬사였다. 당시 바웬사가 가택연금 상태였기에 바에즈는 그의 집에서 가족들과 함께 만났다. 바에즈는 바웬사를 세계 역사상 세 번째로 대중 비폭력 운동을 이끈 빛과 같은 존재로 평가했다. 폴란드 독립자치노동조합 '연대'의 투쟁이 마하트마 간디, 마틴 루서 킹에 이어 바에즈 평생에 걸친 신념인 비폭력주의를 보여줬기 때문이었다.

바웬사는 바에즈에게 읍내 200명의 사람에게, 그리고 그다음 날 아침엔 미사에서도 노래를 불러줄 수 있는지 물었다. 바에즈는 이곳 사람들에게 쓸모 있는 일을 하는 것이 큰 기쁨이라고 말했다. 바에즈는 바웬사와 그의 아내와 6명의 아이들 앞에서 노래를 불렀다. 그리고 나서 200명의 사람 앞에서, 다음 날 미사에서, 얼마 후엔 대학에서 기쁘게 노래를 불렀다. 노래를 청한 사람들도 존 바에즈가 진짜 그곳에 왔다는 걸 믿지 못했다.

노래하는 기쁨이 방문하는 곳마다 흘러넘쳤다. 바에즈에게 기쁨이란 자기 노래를 듣고 싶어 하는 사람들에게 노래를 불러주는 거였다. 바에즈는 자유를 쟁취하기 위해 투쟁하는 곳

에서 또 하나의 정신이 창조된다고 말했다. 초대받은 교구 안
마당에서 사람들은 저마다 노래하고, 아이들을 소중히 여기고,
이웃을 돌봤다. 바에즈는 기쁜 마음으로 그런 장소에서 언제
나 노래를 불렀다. 세계적인 가수에 걸맞은 보수나 음향 시설
은 중요하지 않았다. 자유를 위해 투쟁하는 사람들은 바에즈
의 진가를 인정했다.

흥미로운 것은 1960~70년대 미국의 저항 가수를 대표했던
바에즈와 딜런의 차이였다. 바에즈는 딜런의 사회적 참여가
노래 만들기로 한정돼 있다고 은근히 비판했다. 집회나 시위
는 딜런의 관심사가 아니었다. 딜런은 바에즈 자신이 무언가
를 변화시킬 수 있다고 생각하지만 자기 자신은 아무도 그럴
수 없다는 걸 알고 있다고 말했다. 바에즈가 노래만이 아니라
운동을 통해 사회에 직접 개입했다면, 딜런은 노래를 통해서
만 사회와 관계를 맺었다.

사회적 감동의 노래들

1980년대 후반 내가 대학에 들어갔을 때 존 바에즈의 노래
는 이미 앞선 세대의 것이었다. 선배들의 권유로 바에즈의 노
래를 들어봤지만, 우리 세대의 정서와는 거리가 있었다. 이번
에 바에즈의 자서전을 읽으며 다시 들어봤다. 대개 20대까지
좋아했던 노래를 평생 듣게 된다는데, 뒤늦게 바에즈의 노래

에 마음이 끌렸다.

> 송아지들은 이유도 모르는 채 쉽게 잡혀 도살장으로 끌려가지
> 하지만 자유를 소중히 여기는 사람이라면 제비처럼 나는 법을 배
> 우지
> 바람은 어떻게 웃을까
> 온 힘을 다해 웃지
> 하루 종일과 절반의 여름밤에 웃고 웃지

「도나 도나」의 3절 가사다. 가스실로 끌려갔던 유대인의 운명을 도살장으로 끌려가는 송아지에 빗대어 부른 노래다. 바에즈의 맑은 목소리가 이 세상 약한 존재들에 대한 연민, 포기할 수 없는 인간의 자유에 대한 열망을 느끼게 한다. 동시에 무자비한 권력에 맞선 당당한 저항을 생각하게 한다.

쉰 살이 넘어 20여 년 만에 바에즈를 다시 만나보니 그가 새롭게 보였다. 가사를 함께 음미해본 그의 노래는 인간이 누려야 할 존엄과 품위를 담고 있었다. 이름 붙이자면 '사회적 감동'이라고나 할까. 이 감동은 '감각적 감동'과는 다른 거다. 모든 노래가 사회적 감동을 담을 필요는 없을 거다. 노래는 일단 즐겁거나 슬프거나 공감을 불러일으켜야 하니까 말이다.

그런데 감각적 감동이 차고 넘치는 오늘날, 사회적 감동을 담은 노래를 들어보는 것도 나름 괜찮을 것이다. 음악이 전달

하려는 것이 사람의 마음이라면, 사람이 다양하듯 그 마음도 다채로울 수밖에 없을 것이다. 바에즈의 노래는 그 마음이 바에즈의 치열했던 삶과 어우러져 특별한 감동으로 다가온다. 여름밤을 웃고 또 웃는 바람의 자유는 21세기 오늘날에도 누구나 느낄 수 있는 초시간적 공감일 것이다.

연예인의 삶은 나하고 거리가 멀다. 게다가 외국 유명 가수의 삶은 먼 나라 이야기다. 그런데도 자서전과 노래로 다시 만난 바에즈는 무척 친숙하게 느껴졌다. 바에즈가 노래로 전하려 했던 것은, 삶으로 보여주려 했던 것은 내게 경의를 품게 했다.

앞으로 누군가 내게 가장 좋아하는 가수가 누구냐고 물으면 다른 이를 고를 거다. 하지만 가장 존경하는 가수가 누구냐고 물으면 바에즈를 선택할 것 같다.

4.

수전 팔루디, 백래시에 대한 적극적 비판

새로운 개념을 마주할 때마다 나이가 들어간다는 걸, 사회가 변화한다는 걸 깨닫는다. 예를 들어 플랫폼, 포스트트루스, 젠트리피케이션 같은 개념은 마흔을 넘어서 만난 말들이다. 이제는 신문과 방송에서 일상적으로 쓰이는 이 개념들을 젊은 시절 알지 못했다. 세상이 그만큼 변했고, 나 역시 기성세대가 됐다는 의미일 터다. 오늘 주목하려는 '백래시'도 그런 개념 가운데 하나다.

백래시를 널리 알린 책은 미국 저널리스트 수전 팔루디^{Susan Faludi}가 1991년 내놓은 『백래시: 미국 여성들에 대한 선전포고 없는 전쟁』^{Backlash: The Undeclared War Against American Women}이다. 2017

년 『백래시』란 제목으로 출간된 우리말 번역본(아르테)의 부제는 '누가 페미니즘을 두려워하는가?'다. 백래시는 진보적인 사회·정치적 변화에 대한 기득권의 '반격'을 뜻한다. 이 책은 부제에서 볼 수 있듯 미국 사회 이야기다. 1980년대와 1990년대 초반에 걸친 레이건·부시의 보수주의 정부 시절, 여성 인권에 가해졌던 반격에 관한 비판이다.

통계의 거짓말

1980년대, 미디어는 통계를 근거로 여성의 사회 진출에 대해 부정적인 이야기를 퍼뜨리기 시작했다. '나이 들수록 결혼하기 어렵고 임신 가능성도 떨어지니 일찍 결혼해 가정에 충실하라'는 이야기였다. 우리 사회에서도 지겹도록 들었던 말이다. 20대 시절 나는 이런 말을 듣고 화를 낸 게 아니라 오히려 공포심을 키웠던 기억이 있다. 이 땅에서 여성이 혼자 살아간다는 게 쉬운 일이 아니다. 적어도 우리 세대 여성 다수에게는 그랬다.

『백래시』는 바로 이 문제를 다룬다. 팔루디에 따르면, 많은 경우 언론이 인용한 통계는 진실과 멀었다. 1986년 '하버드-예일 연구'는 대졸 여성들이 점점 결혼하기 어려워진다는 조사결과를 내놓았다. 결혼 경험이 없는 30세 대졸 여성의 결혼 가능성은 20%였고, 35세는 5%, 40세는 1.3%로 내려갔다는 통

계가 근거였다. 나이 들수록 '남자 품귀 현상'이 벌어진다는
주장이었다. 이 연구는 미국뿐만 아니라 전 세계에 보도됐다.
통계치는 주요 신문의 1면을 장식했고, 뉴스와 토크쇼의 주요
화제가 됐다.

하버드-예일 연구는 여성이 평균 2, 3세 많은 남성과 결혼한
다는 가정에 기반한 통계였다. 문제는 연구가 발표된 시점의
실상은 이 가정과 다르다는 데 있었다. 게다가 그즈음 미국 내
결혼 궁핍 사태가 미미하다는 연구가 발표되기도 했다. 하지
만 미디어는 하버드-예일 연구와 반대되는 연구결과를 무시
했다.

미국 인구조사국의 한 인구학자 연구에 따르면, 30세 대졸
여성의 결혼 가능성은 58~66%로 하버드-예일 연구 결과보다
3배 더 높았다. 35세 여성은 7배, 40세 여성은 23배가 높았다.
30세 대졸 여성은 고졸 여성보다 결혼 가능성이 더 높았다. 전
체 인구에서 결혼율이 떨어지고 있는데도 25세에서 45세 사이
의 대졸 이상 학력 여성의 결혼율은 증가하고 있었다.

남자 품귀 현상 같은 건 없었다. 팔루디는 인구조사표에
서 25~34세 싱글여성보다 싱글남성이 약 190만 명 많았고,
35~54세 사이의 연령내에선 50만 명 정도가 많았으니, 실제
결혼 상대가 부족한 건 남성이었다고 지적한다. 당시 언론의
주장대로라면 1980년대의 싱글여성이 결혼을 위해 고투하고
있어야 했는데, 실제 상황은 달랐다.

현실이 이런데도 하버드-예일 연구는 사회에 적지 않은 영향을 미쳤다. 연구가 발표되고 1년 만에 전체 싱글여성 중 결혼하지 못할 수 있다고 걱정하는 비율이 14%에서 27%로 늘어났다. 연구 대상 집단이었던 25세 이상 여성의 경우 39%까지 치솟았다. 이 연구가 대대적으로 소개된 다음 해에 여성의 초혼 연령이 약간 하락했고, 가족으로 구성된 세대수가 비가족 세대수보다 빠르게 증가했다.

불임에 관한 연구도 관심을 모았다. 1982년 공개된 한 불임 연구는 여성의 임신 가능성이 30세 이후 급락하며, 31세에서 35세 사이 여성의 불임 가능성은 40%에 이른다는 통계를 내놓았다. 이 연구 결과는『뉴욕타임스』1면에 게재됐다. 수십 곳의 신문과 방송에 언급됐고, '생물학적 시계'를 다룬 책들을 통해 재생산됐다.

언론은 불임을 직장여성 탓으로 돌렸다. 자궁내막증 같은 불임의 의학적 원인이 똑똑한 여성들에게 있다는 비난이 가해졌다. 여기에 더해 여권 신장으로 출산율이 떨어지고 있다는 비난도 있었다. 그러나 1980년대에 출산율은 하락하지 않았고 안정세를 유지했다.

주목할 것은 미디어와 대중의 반격 대상이 주로 싱글여성과 유급 직장여성이었다는 점이다. 특집 뉴스와 자기계발서 등은 싱글여성들이 기록적인 수준의 우울증에 시달리고 있고, 직장여성들은 광범위한 심신질환을 유발하는 '번아웃 증후군'에 굴복하고 있다고 주장했다. 1980년대 싱글여성들이 정말로 우울해졌는지는 알 길이 없었다. 싱글여성의 정신 건강 변화를 추적한 연구가 없었기 때문이다.

한 사회과학 연구는 반격과 다른 결과를 내놓았다. 고용이 싱글여성의 정신 건강을 향상시킨다는 거였다. 일하는 싱글여성은 자녀가 있건 없건 집에 있는 기혼여성보다 심신의 건강이 훨씬 나았다. 싱글여성과 기혼여성을 비교하면 결혼은 여성의 건강에 유해할 수 있었다. 한 정신 건강 연구에 의하면, 여성 우울증의 대표적인 두 원인은 낮은 사회적 지위와 결혼이었다.

팔루디는 1980년대에 여성의 정서적 행복을 위협했던 것으로 여성의 사회적 지위와 경제적 지위를 위협하는 데 앞장섰던 반격을 지목한다. 덧붙여 여성운동이 여성들을 우울하게 만든 게 아니라 남성들을 괴롭힌 것으로 보인다고 팔루디는 지적한다. 통계적으로 아내가 주부인 남성보다 아내가 직장여성인 남성의 우울증이 더 높았다는 것은 그 증거의 하나다.

이렇듯 부정확한 통계 자료를 인용해 높아지는 여성의 사회경제적 지위에 대한 우려를 나타낸 이유는 뭘까. 여성이 있어야 할 곳은 사회가 아니라 가정이라는 메시지를 널리 퍼뜨리려는 것이었다. 페미니즘에 대한 반격의 언어와 주장, 이것이 다름 아닌 백래시다. 다시 말하면 '안티페미니즘'이다.

집으로 돌아가라

미국 역사에서 이러한 반격이 1980년대에만 나타난 건 아니었다. 여권 신장을 위한 투쟁은 19세기 중반, 1900년대 초, 1940년대 초, 1970년대 초에 힘을 얻었고, 매시기마다 투쟁은 반격에 굴복했다. 1980년대의 백래시 역시 1970년대 여권 신장에 대한 반격이었다. 1970년대 여성운동은 고용과 출산의 두 영역에서 성과를 이뤘다. 1980년대 반격도 바로 이 두 지점에 맞춰졌다.

팔루디는 이 반격의 원인으로 경제적 평등을 위한 페미니즘의 노력이 남성성을 위협했다는 점을 주목한다. 당시 한 연구에 따르면, 남성성에 대한 가장 영향력 있는 정의는 '가족을 잘 먹여 살리는 사람'이었다. 하지만 1980년대 전통적인 남성의 실질임금은 크게 줄어들었고, 전통적인 남성 부양자는 멸종 위기에 처했다.

1980년대 미국 사회는 큰 변화를 겪고 있었다. 중산층이 감소했고, 1946년 미국 정부가 기록을 시작한 후 가장 심각한 계급 양극화가 나타났다. 중간계급 가족이 소득 사다리에서 떨어지지 않을 방법은 맞벌이밖에 없었다. 이런 상황에서 남성의 자존심과 정체성은 타격을 입을 수밖에 없었다. 이러한 경제적 불안은 공격 대상이 필요했고, 그 화살은 여성에게로 향했다.

당시 언론의 태도도 문제였다. 1980년대에 한 트렌드 연구자는 '고치짓기cocooning'를 전국적인 트렌드로 내세웠다. 안락한 집에 둥지를 틀고 '엄마표' 음식을 만들어 먹는 성향을 일컫는 말이었다. 그런데 이 고치짓기가 성 중립적인 개념이었음에도 언론은 고치짓기 현상을 여성에게 해당하는 사항으로 퍼뜨렸다. 여성은 '집으로 돌아가라'는 메시지였다. 그러나 현실은 고치짓기에 부합하지 않았다. 성인 여성은 점점 가족과 직장을 양립하려 했고, 전업주부로 사는 것에 관심이 줄어들었다.

팔루디에 따르면, 1970년대 언론은 싱글여성을 자신감과 확신, 안정감을 가진 사람으로 묘사했다. 하지만 1980년대 언론은 싱글여성이 성공을 위해 관계를 희생시켰고, 이에 따른 정신적 문제를 겪고 있다고 보도했다.

이러한 변화는 1980년대 영화의 여성 캐릭터 묘사에서도 찾을 수 있었다. 당시 영화에서 여성의 분노는 개인적 차원의 우울로만 그려졌다. 여성의 삶은 좋은 엄마가 이기고 독립적 여성은 벌을 받는다는 도덕적 틀에 갇혀 있었다. 영화에서도 여성은 '가정으로 돌아가라'는 메시지가 널리 퍼졌다.

반격의 기원과 결과

팔루디는 이러한 반격의 기원으로 1970년대에 등장한 뉴라이트를 꼽는다. 이들은 성평등이 여성의 불행을 낳는다고 주장했다. 신도가 줄고 있는 시골의 근본주의 성직자들과 청중이 감소하고 있는 방송 설교사들이 그 대표 주자였다. 이들은 철 지난 질서나 상상 속의 세계를 복원하려고 했다.

팔루디에 따르면, 1980년대 뉴라이트의 희생양은 페미니스트들이었다. 뉴라이트가 페미니즘을 공격 대상으로 삼은 것은 앞선 1970년대 여성운동의 힘을 역으로 입증했다. 미국 여성운동의 최대 승리는 1972년 헌법에 성평등을 명시하는 남녀평등 헌법 수정안 승인과 1973년 대법원의 낙태 합법화였다. 뉴라이트 핵심 집단들은 이러한 페미니즘의 승리가 이뤄지고 2년이 지나지 않아 활동을 시작했다.

뉴라이트의 반격은 여러 결과를 가져왔다. 팔루디는 세 측면에서 이를 분석한다. 심리 영역에서는 여성들을 미혹시켰고, 노동시장 영역에서는 직장여성들에게 작지 않은 타격을 입혔다. 그리고 신체 영역에서는 낙태 반대 운동이 격렬하게 진행됐다.

이러한 결과에서 특히 인상적인 것은 심리 영역에 관한 팔루디의 분석이다. 상담 전문가들과 자기계발서 저자들은 해방된 여성이 과도한 독립에 매달리는 바람에 오히려 건강하지 못한 상태가 됐고, 그 결과 '자아도취증 환자' 또는 '아이도 없는 멍청이'가 됐다는 주장을 내놓았다. 여성 스스로 자신의 위험을 자초했다는 이러한 논리는 여권 신장에 대한 악의적인

수전 팔루디

반격에 다름 아니었다.

팔루디에 따르면, 자기계발서 시장을 주름잡았던 상담사들은 외부요인을 인정하지 않았다. 1980년대 여성들에게 집중되었던 사회적인 힘들, 즉 매스미디어와 할리우드의 멸시, 종교계와 정치지도자들의 공격의 말들, 학자와 '전문가'들의 섬뜩한 보고서들, 여성 병원에 대한 공격, 성희롱과 강간 같은 폭력들을 상담사들은 모두 고려하지 않았다. 또한, 바뀐 역할에 적응하느라 겪을지 모르는 여성들의 심리적인 어려움도 예상하지 못했다.

『백래시』는 출간되자마자 뜨거운 반향을 일으켰다. 시사주간지『뉴요커』는 서평에서 그 반향을 "전적으로 설득력 있고 대단히 불온한 저작"이라고 요약했다. 페미니즘에 동의하지 않는 이들에게 이 책은 위험했다. 그러나 성평등이 인류 미완의 과제라고 생각하는 이들은 이 책에 공감과 동의와 지지를 보냈다.

단호한 목소리가 주는 힘

우리 사회에서 백래시가 시작된 것은 미국에서『백래시』가 출간된 지 20년이 지난 2010년대였다. 사이버 공간에서 진행된 페미니즘에 대한 반격이 그것이었다. 이러한 반격은 재반격을 가져왔다. '된장녀 대 한남충'과 '일베 대 메갈리아'는 반격과 재반격을 상징하는 말들이었다. 이러한 대결 구도는 사회·문화적 영역을 넘어서 정치적 영역까지 확대됐다. '이대남과 이대녀'의 투표 성향 차이는 정치 영역의 성별 대결 구도를 보여주는 증거였다.

여성의 관점에서 볼 때 어느 나라든 여성으로 살아가기는 고단한 일이다. 많은 경우 백래시는 마치 여성을 걱정하고 진정한 행복을 찾아주고 싶은 것처럼 말하지만, 그런 조언은 여성에게 현실과 맞지 않는 공포감을 불러일으킬 뿐이다. 반격의 선동가들은 여성에게 가정으로 돌아가라고 주장하지만, 그런 전통적인 가정은 이미 소멸해가고 있다.

지난 반세기 이 땅에서 살아오는 동안 남녀평등의 진전을 지켜봤다. 50대 여성인 나와 20대 여성들의 삶의 조건은 많이 달라졌을 것이다. 최근에는 변화의 물결이 거세졌다. 강남역 사건, 혜화역 시위, 미투 운동에 많은 이가 목소리를 높였다. 2022년 치러진 20대 대선에서는 젠더 갈등이 투표 결과에 큰 영향을 미쳤다. 그간 모르고 지나쳤던 것, 알고도 참았던 것, 눈에 띄지 않게 숨겨놓았던 것들이 보이는 곳으로 나왔다.

분명한 것은 여성의 사회적 참여와 양성 평등은 인간으로서 마땅히 누려야 할 당연한 권리라는 점이다. 이 당연한 권리를 주장하는 목소리는 온화할 수도, 단호할 수도 있다. 『백래시』는 그 어떤 책보다도 단호한 목소리로 여성의 평등과 해방을 고취한다.

문제를 해결하는 데는 유연한 접근도, 근본적인 접근도 필요하다. 여성의 사회 참여와 권리 신장이 인류의 중대한 과제라고 생각하는 이들이라면 때로는 단호한 목소리에 귀 기울여야 한다. 우리말 번역본 『백래시』는 801쪽에 달하는 긴 책이다. 그럼에도 한번 읽어보길 권하고 싶다.

5.

리베카 솔닛,
실현가능하고 지속가능한 여성해방

리베카 솔닛[Rebecca Solnit]이 2014년 출간한 『남자들은 자꾸 나를 가르치려 든다』[Man Explain Things To Me](창비 2015)는 흥미로운 이야기로 문을 연다.

어느 날 솔닛이 한 파티에 참석했다. 주최자는 돈이 많고 당당한 남자였다. 남자가 솔닛에게 어떤 책을 썼는지 물었다. 솔닛이 최근 에드워드 마이브리지란 사진작가에 괸힌 책을 냈다고 하자 그는 마이브리지에 대한 아주 중요한 책이 나왔다며 설명을 시작했다. 남자는 솔닛의 친구로부터 솔닛이 바로 그 책의 저자라고 여러 번 들은 다음 잠깐 말을 잃었다. 그런데 남자는 잠시 후 다시 장광설을 늘어놓았다.

솔닛은 이런 순간이 평소 은밀하고 모호했던 힘이 우리 눈에 들어오는 순간이라고 말한다. 남자는 눈앞에 있는 여자가 『뉴욕타임스 북리뷰』에 실린 책의 저자일 리 없다고 확신했다. 또 정보의 격차에서 생기는 권력을 자신이 충분히 누릴 수 있다고 생각했을 것이다.

이 일화를 통해 솔닛이 제기하는 문제는 간단하다. 왜 어떤 남자는 자신만만하게 여자에게 무언가를 설명해줄 자격이 있다고 생각하느냐는 것이다.

2010년의 단어, 맨스플레인

남자들은 자꾸 나를, 그리고 다른 여자들을 가르치려 든다. 자기가 무슨 소리를 하는지 알든 모르든, 어떤 남자들은 그렇다. 『남자들은 자꾸 나를 가르치려 든다』, 15쪽

솔닛은 남자만 그런다고 생각하지 않는다. 솔닛의 지적은 경험상 아무것도 모르면서 자신감이 넘쳐 정면 대결을 일삼는 이들이 유독 남자 중에 많더라는 것이다. 그래서 젊은 여성에게 세상이 그들 게 아님을 암시함으로써 여성을 침묵으로 몰아넣는다는 것이다.

책의 제목이자 첫 수록 글인 「남자들은 자꾸 나를 가르치려

든다」는 솔닛이 2008년에 썼다. 솔닛은 이 글을 쓰자마자 온라인에 게재했다. 이전의 글과는 비교할 수 없이 빠르게 퍼졌다. 논란도 불러일으켰다. 솔닛이 받은 이메일에서 한 남자는 자신의 경우 그런 적이 없다고, 솔닛이 글을 쓰기 전 조사를 해야 했다고 충고했다. 그러고는 솔닛에게 열등의식이 있다고까지 지적했다. 결국은 솔닛에게 잘못이 있다는 말이었다.

솔닛의 글이 화제가 된 즈음에 '맨스플레인mansplain'이란 신조어가 쓰이기 시작했다. 이 단어는 2010년 『뉴욕타임스』 올해의 단어로 뽑혔고, 2014년 '옥스퍼드 온라인 영어 사전'에도 실렸다. 한 단어가 만들어져 널리 쓰이는 건 그 단어가 중요한 현상을 명확히 포착해내기 때문이다. 맨스플레인은 남자들이 무턱대고 여자들에게 아는 척 설명하려 든다는 뜻이다.

솔닛의 지적처럼 맨스플레인이 여성에게 미치는 영향은 결코 적지 않다. 맨스플레인은 여성들이 발언하고, 경청되고, 권리를 지니고, 참여하고, 존중받고, 온전하고 자유로운 한 인간이 될 기회를 차단해버린다. 맨스플레인에 내재된 이러한 양성 간 권력 차이는 점잖지 않은 대화, 물리적 협박과 폭행, 세상의 조직 방식에서 여성을 침묵시키고 제거하기까지 한다.

약자로 살아온 여성들

솔닛은 폭력에 인종도, 계급도, 종교도, 국적도 없지만 젠더는 있다고 말한다. 미국에서는 6분 12초마다 강간이 경찰에 신고되고, 여성 5명 중 1명은 살아가면서 강간당한다. 2012년 인도 뉴델리에서는 버스에 탄 젊은 여성 승객이 집단성폭행을 당한 후 사망했다. 미국에서도 집단성폭행 사건이 드물지 않게 일어나고, 우리나라에서도 일어난다.

한걸음 물러서서 볼 때 폭력을 피해갈 수 있는 이는 없다. 남자도 폭력을 당할 수 있고 여자도 폭력을 행사할 수 있다. 폭행과 폭력적 죽음은 다 끔찍하다. 그런데 차이가 있다. 여성의 폭력은 심각한 부상이나 죽음으로 귀결되는 경우가 드물다. 미국의 경우 누구나 총기에 접근할 수 있지만 살인의 90%는 남성이 저지른다.

솔닛이 주장하려는 바는 분명하다. 폭력에서 남성과 여성 사이에는 차이가 존재하고, 남성이 여성보다 더 폭력적이라는 것은 부인하기 어렵다는 점이다. 솔닛에 따르면, 이러한 사실에 주목해야 폭력의 기원과 대처법에 대한 이론이 훨씬 생산적으로 만들어질 수 있다.

폭력은 일단 자신에게 상대방을 통제할 권리가 있다는 전제하에 시작한다. 남자는 지배하려는 욕망과 퇴짜 맞을지도 모른다는 두려움을 품고 여자에게 접근한다. 두려움이 종종 분노로 바뀌면서 이러한 욕망과 분노는 폭력으로 나타난다. 헤어지고자 하는 여성이 친밀한 파트너였던 남자에 의해 살해당하는 건 폭력이 통제의 체계라는 걸 보여준다.

다시 말하면, 강간을 비롯한 폭력적 행동은 일부 남성이 일부 여성을 통제하려는 시도다. 주목할 건 일부 남성의 이러한 폭력이 일부 여성을 넘어 전체 여성에게 영향을 미친다는 점이다. 많은 여성들은 남성의 폭력에 대한 두려움으로 자신을 제약하고, 나아가 그 두려움에 익숙해져서 나중에는 폭력적 상황을 인식조차 못하게 되고 만다.

이에 대해 솔닛이 책에서 언급하는 두 사례가 눈길을 끈다. 솔닛이 젊었을 때 대학 캠퍼스에서 여학생들이 강간당하는 사건이 벌어졌다. 대학 측은 모든 여학생에게 나다니지 말고 건물 안에 있으라고 일렀다. 그러자 누군가 해가 진 뒤 캠퍼스에서 남자들을 몰아내자는 포스터를 붙였다. 남자들은 한 남자의 폭력으로 "모든 남자는 사라지라"는 말을 들은 데 충격을 감추지 못했다. 어딘가 시원한 이 처방은 우리에게 익숙하지 않다. 반대로 여성은 폭력의 희생자가 될 가능성이 있으니 안전한 곳에 머무르라는, 늦은 시간에 돌아다니지 말라는 말 같은 데 익숙하다.

심지어 남자의 성적 욕구를 자극하지 않게 얌전한 옷차림을 하라는 말에도 익숙하다. 성폭력 피해자를 비난하는 발언에 항의하는 슬럿워크$^{slut\ walk}$ 운동은 이에 대한 항의였다. 2011년 캐나다 토론토의 한 경찰관이 대학에서 안전교육을 하면서 여학생들에게 슬럿(잡년)처럼 옷을 입지 말라고 했다. 젊은 여성들은 이에 대한 항의로 섹시한 옷을 입고 공공 공간을 행진했다. 이 슬럿워크의 메시지는 분명하다. 폭력의 원인을 피해자와 결부하지 말라는 항의였고, 폭력의 책임은 절대적으로 가해자에게 있다는 항의였으며, 여성을 어떤 식으로든 가둬두려는 시도에 대한 항의였다.

폭력 외에도 여성을 배제해온 건 많다. 솔닛은 인도 출신 친구의 집안에 있던 오래된 족보에서 사라진 여자들을 주목한다. 거기에는 당장 본인은 없고, 가지가 뻗어갈수록 자매들, 고모들, 어머니들, 할머니들이 사라진다. 지난 수천 년 동안 여자들이 공적 영역에서, 계보에서, 법적 신분에서, 목소리에서, 삶에서 사라져왔다는 건 부정할 수 없는 사실이다.

세상을 재정의한 단어들

세상에 모습을 드러낸 모든 여자들은 지금도 그들을 사라지게 하려는 세력들과 싸우고 있는 셈이다. 여자의 이야기를 자기가 대신 말하려는 세력들과, 여자를 이야기와 족보와 인권 헌장과 법률에 기록하지 않으려는 세력들과. 자신의 이야기를 단어로든 이미지로든 스스로 말할 수 있는 능력은 그 자체로 이미 승리다. 『남자들은 자꾸 나를 가르치려 든다』, 112쪽

이 책 『다시 만난 여성들』에 이렇게 어울리는 선언은 다시없을 것이다. 여성들은 자신을 둘러싼 많은 장애물을 극복하고

세상에 모습을 드러내왔다. 때로 그건 자신의 말을 찾는 일이고, 세상으로 나아가 자신을 표현하는 일이고, 사회에서 자신이 하고 싶은 것을 찾아 해내는 일이고, 여성으로서의 자신을 자각하고 과거와 현재와 미래의 여성들과 연대하는 일이었다. 그렇게 모습을 드러낸 많은 여성들은 지금을 살아가는 여성들에게 무한한 지지로 다가온다.

솔닛이 책에서 다루는 작가 버지니아 울프와 여성운동가 베티 프리단은 이러한 지지의 선구자들이라 할 만하다. 먼저 울프는『자기만의 방』에서 여성의 자유를 요구했다. 그것은 지리적 차원에서든, 상상력의 차원에서든 이 세상을 자유롭게 쏘다닐 수 있도록 해달라는 것이었다.

한편 프리단은『여성의 신비』에서 미국 여성들이 인간으로서의 능력을 온전히 계발하지 못하도록 저지당하고 있다는 사실을 '이름 붙일 수 없는 문제들'로 명명했다. 앞서 2장에서 살펴봤던 이 이름 붙일 수 없는 문제들이 그 어떤 질병보다 미국의 물리적·정신적 건강에 큰 해를 끼치고 있다고 프리단은 분석했다. 프리단이 불러낸 이 문제들에 이제는 남성우월주의, 성차별, 여성혐오, 불평등, 억압이라는 이름이 붙기 시작했다.

솔닛은 맨스플레인에 앞서 여성해방의 역사에서 중요한 무기가 됐던 새로운 개념들을 주목한다. '성희롱'은 미국에서 1970년대에 처음 고안됐고, 1980년대에 사법 체계에서 쓰이기 시작했다. 1986년 대법원으로부터 승인된 이 단어는, 1991년

출처: writersunlimited.nl

리베카 솔닛

의회 상원 대법관 청문회에서 대법관 후보 클래런스 톰스의 직원 애니타 힐이 그에게 지속적인 성희롱을 당했다고 증언함으로써 미국 사회를 발칵 뒤집어놓았다. 당시 청문회에 참여한 남성 질문자들은 음란한 말과 성적 서비스 요구가 왜 문제가 되는지 이해하지 못했을 뿐 아니라 그런 일이 벌어진다는 사실 자체를 부인했다고 한다.

성희롱 외에 다른 개념들도 많다. '가정폭력'은 '아내 구타'를 대체했다. 2012년부터 널리 쓰인 '강간 문화'는 또 다른 개념이다. 강간 문화는 미디어와 대중문화가 여성에 대한 성폭력을 규범화하고 용인하는 환경을 말한다. 이 용어는 강간을 이례적 사건으로 치부하는 시각을 벗어나 전체 문화에서 문제의 근원을 찾게 했다.

솔닛은 이 새로운 개념이나 용어들이 여성들이 매일 접하는 세상을 재정의하고 그 세상을 바꿔나갈 방법을 열어준다고 주장한다. 성희롱이란 개념은 적절한 사례. 과거에는 피해자의 예민함으로 치부됐던 말과 행위가 이제 성희롱이란 단어를 통해 여성이 느끼는 불쾌감과 굴욕감을 분명하게 드러낼 수 있게 해주기 때문이다.

다 함께 자유인이 되기 위하여

여성해방운동의 다른 말은 페미니즘이다. 이 페미니즘을 둘러싸고 우리 사회에서도 갈등이 있어왔다. 특히 온라인 공간에서 페미니즘에 강하게 반발하는 남성들과 거기에 다시 강하게 반발하는 여성들 간의 갈등은 '젠더 전쟁'을 방불케 한다. 이른바 '이대남'과 '이대녀'의 갈등이 그 대표적인 사례다. 솔닛은 말한다.

> 여성해방운동은 남성의 힘과 권리를 침해하거나 빼앗으려는 의도를 가진 것처럼 묘사되곤 했다. 마치 한 번에 한 성만 자유와 힘을 누릴 수 있는 암울한 제로섬 게임인 것처럼. 그러나 우리는 함께 자유인이 되거나 함께 노예가 될 수 있을 뿐이다. 『남자들은 자꾸 나를 가르치려 든다』, 60쪽

솔닛이 전하려는 바는 젠더 갈등이 제로섬 게임은 아니라는 것이다. 남성의 권리와 여성의 권리를 제로섬 게임으로만 바라보는 것은 현실적으로 맞지 않을뿐더러 규범적으로 옳지도 않다.

남성과 여성의 관계가 적대적이지만은 않은 사례들은 많다. 앞서 말한 인도 뉴델리 버스 집단성폭행 사건의 피해자 조티 씽에게 가해진 폭력에 대한 항의는 전 세계적으로 일어났다. 솔닛은 온라인은 물론 뉴델리에서 샌프란시스코까지 오프라인에서 번졌던 집단행동에 여성들과 함께 많은 남성들이 참여했던 이야기를 전하고 있다.

이러한 사례는 과거에도 있었다. 1848년 뉴욕에서 최초의 여권 대회가 열렸을 때, 여권 선언서에 서명했던 100명 중 32명이 남성이었다. 남성과 여성의 관계를 적대적으로만 파악하는 일은 온당하지 않다. 오늘날 여성해방운동에서 남성들은 점점 더 좋은 동맹의 파트너가 돼가고 있다는 게 솔닛의 판단이다.

남성과 여성의 협력을 부각하는 이러한 생각에 남성과 여성의 갈등을 너무 피상적으로 파악한다고 반론을 제기하는 이들도 있을 것이다. 노동시장에서의 임금격차부터 일상생활에서의 가부장적 폭력에 이르기까지 남성과 여성 사이에 존재하는 구조적인 차별을 나 역시 모르는 바 아니다. 내가 말하고 싶은 것은 이러한 현실을 해결하기 위한 여성과 남성 간의 적극적인 연대다.

딸의 안전한 귀가는 아버지가 바라는 일이다. 어머니가 직장에서 여성이라는 이유로 인격적 훼손을 당하지 않는 건 아들이 바라는 일이다. 아내가 임신이나 출산을 이유로 부당하게 해고되지 않는 건 남편이 바라는 일이다. 여성이 안전하지 않은, 여성의 인권을 보장하지 않는 사회는 결국 모두에게 불행을 가져다줄 뿐이나. 다 같이 자유인이 되기 위한 실현가능하고 지속가능한 협력과 연대의 여성해방운동, 미래의 역사는 이 길로 나아갈 것이라고 믿는다.

앙겔라 메르켈, 여성 정치가의 모범

"나 자신입니다. 되도록 자주 나 자신을 롤 모델로 삼습니다."

앙겔라 메르켈^{Angela Merkel} 전 독일 총리는 평생의 롤 모델이 누구냐는 질문에 이렇게 답했다. 미국 저널리스트 케이티 마튼^{Kati Marton}이 쓴 『메르켈 리더십』(모비딕북스 2021, 36쪽)에 나오는 이야기다.

롤 모델은 가고자 하는 길에 먼저 발자취를 남긴 사람이다. 단순히 돈을 많이 벌거나 출세를 크게 한 사람을 롤 모델로 꼽지는 않는다. 오히려 어떤 사람의 삶이 참 근사해 보인다면 그가 인생의 롤 모델이다. 메르켈이 자신을 롤 모델로 꼽는 건 충분히 수긍이 간다. 그의 앞에 근사하게 걸어 나간 사람이 드물었기 때문이다.

물론 메르켈에게 롤 모델이 없었던 건 아니다. 노벨상을 두 번이나 수상한 여성 과학자 마리 퀴리가 그중 하나다(이 책 2부 1장 참고). 메르켈은 퀴리가 보여준 스스로에 대한 확신과 엄청난 끈기, 이를 바탕으로 한 성취에 큰 자극을 받았다. 여성에게 우호적이지 않은 과학 분야에서 얻은 성취라 더욱 그랬다.

마튼은 메르켈의 또 다른 롤 모델로 러시아의 예카테리나 2세를 주목한다. 메르켈의 책상 위에는 은제 액자에 담긴 예카테리나 여제의 그림이 놓여 있었다. 독일의 공주였던 예카테리나 여제는 자신을 과소평가한 많은 남자들을 쓰러뜨리며 장장 34년간 러시아를 통치했다. 그는 당대를 대표한 계몽군주였다. 루터교 신자인 것도 메르켈과 공통점이었다.

이렇게 앞서 걸어간 여성의 길에 메르켈은 자기 발자국을 더한다. 지금도 어디선가 한 여성은 메르켈의 삶을 통해 꿈과 용기를 얻을지 모른다. 마튼도 그중 하나가 아닐까. 마튼은 헝가리 출신이다. 냉전시대에 언론인 부모가 스파이 혐의로 체포된 경험을 갖고 있다. 전체주의 국가에서 여성으로 태어나 성장한 공통된 체험이 메르켈에 대한 특별한 관심과 이해로 이끈 것으로 보인다.

'삼중 아웃사이더'에서 총리로

메르켈은 1954년 당시 서독 함부르크에서 태어났다. 아버지 호르스트 카스너 목사는 많은 동독인이 서독으로 이주하던 때 거꾸로 동독으로 이주했다. 1961년 메르켈이 일곱 살 때 동독과 서독 사이엔 철조망이 세워졌다. 메르켈 가족이 다시 서독으로 돌아갈 길은 막혀버렸다.

학창 시절 메르켈은 학업성적이 뛰어났지만 부르주아 아버지를 가졌다는 이유로 어려운 학교생활을 했다. 반에서 처음으로 청바지를 입은 학생으로 교장에게 훈계를 듣기도 했다. 메르켈은 공산당의 지시를 따르지 않아 졸업장을 못 받을 뻔했지만, 다행히 주교의 탄원으로 졸업한 다음 라이프치히대학에 진학했다. 물리학 전공이었다.

메르켈은 루터교 신자이면서 공산당 청년단체의 조직원이었다. 교회와 국가, 독립적인 사고와 마르크스·레닌주의 사이에서 적응과 타협이라는 처세를 배워가야 했다. 책에서 인상적인 장면 중 하나가 1984년 그의 서른 살 생일에 대한 묘사다.

당시 막 이혼한 메르켈은 버려진 아파트를 무단으로 점거해 살고 있었다. 친구들이 집수리를 도와줬다. 메르켈의 거처를 방문한 아버지는 실망스러운 반응을 보였다. 그리고 21년 후인 2005년 메르켈은 독일 최초의 여성 총리로 취임했다. 그 20여 년 동안 무슨 일이 있었던 걸까.

1989년 베를린 장벽이 무너졌다. 메르켈은 1989년 '민주적 각성DA'이란 동독의 신생정당에 들어갔다. 이듬해 메르켈 박사는 과학자에서 본격적인 정치가로 변신했다. 민주적 각성은 얼마 지나지 않아 '기독교민주연합CDU'에 통합됐다. 1991년, 통일된 독일연방공화국의 헬무트 콜 총리는 메르켈을 여성청소년부 장관에 임명했다. 정치 초년생 메르켈이 콜의 내각에 기용된 건 동독 출신 여성이라는 점이 크게 작용했다. 통일을 이룬 콜 총리로서는 동독을 배려하고 국민 통합을 제고할 수 있는 적절한 카드였다.

마튼은 메르켈이 정치적으로 성공한 이유를 자제력, 전략적 사고, 수동적인 공격성에서 찾는다. 콜에게 메르켈을 추천했던 인물이 동독 비밀경찰, 슈타지Stasi 정보원이었다는 루머로 메르켈은 한때 정치생명에 위기를 맞았다. 하지만 메르켈은 이를 적극적으로 해명하지 않았다. 또 1999년 콜이 불법 정치자금 후원과 관련된 스캔들에 휘말렸을 때 메르켈은 신문에 그를 비판하는 글을 실었다. 이 두 사건은 메르켈의 신중함과 냉정함을 잘 보여줬다.

메르켈은 자신에게 온 기회를 놓치지 않았다. 기독교민주연합의 유력 인물들이 정치자금 스캔들에 휘말리면서 메르켈이 2000년 기독교민주연합 대표로 선출됐다. 독일 정치에서 메르켈은 동독 출신에 과학자이고 여자인 '삼중 아웃사이더'였다. 이 비주류적 약점이 아이러니하게도 메르켈에게는 오히려 기회가 됐다. 일단 기회를 잡은 메르켈은 물러서지 않았다. 2005년 이 삼중 아웃사이더는 독일 총리에 취임했다.

정치가 메르켈의 업적

한국 정치 사정도 복잡한데 독일 정치의 실상에 대해 자세히 알기는 어렵다. 하지만 2011년 일본 후쿠시마 원자력 발전소 사고 이후 독일 정부의 단호한 결정은 전 세계를 놀라게 했다. 당시는 원자력 발전에 대한 우려가 치솟는 상황이었다. 독일은 메르켈의 주도로 재빨리 원전의 단계적 중단을 결정했다. 그가 소속된 기독교민주연합은 원자력 발전에 우호적인 보수정당이었다. 반핵은 진보정당인 '녹색당'의 오래된 주장이었는데 녹색당은 메르켈에게 이슈를 빼앗겼다.

마튼은 메르켈이 스스로 옳다고 생각하는 일이 대중에게 환영받을 것임을 감지할 때마다 과감하게 이를 실천에 옮겼다고 지적한다. 탈원전 문제에서는 정치가 메르켈의 의견과 도덕주의자 메르켈의 의견이 일치했다. 탈원전은 이를 지지하는 국민이 있었고, 그 국민의 마음을 헤아릴 뿐 아니라 과학적 신념을 가진 리더십이 메르켈에게 존재했기에 가능한 일이었다.

독일 총리로 지낸 16년간 그의 리더십은 유럽 전체에 큰 영향을 미쳤다. 2008년 미국발 금융위기는 세계경제에 충격을 가했다. 유럽은 2002년부터 19개국이 단일화폐 유로를 쓰는 유로존^{Eurozone}으로 묶여 있었다. 북쪽의 풍요로운 국가들은 경제위기를 버텨냈지만 그리스, 포르투갈, 스페인, 이탈리아 등 남유럽 국가 경제는 크게 흔들렸다. 독일은 구제금융을 제공하는 대신 각국에 긴축을 요구했다. 메르켈은 끈질긴 협상을 통해 특히 심각했던 그리스를 유럽연합^{EU}에 남겨두는 데 성공했다.

2015년 유럽연합의 대^對러시아 경제 제재를 이끌어낸 주인 공도 메르켈이었다. 메르켈은 우크라이나를 둘러싸고 서방세계와 러시아가 대립할 때 서구의 대표격으로 푸틴을 상대해야 했다. 우크라이나는 유럽 역사에서 히틀러, 스탈린 등 독재자들이 큰 관심을 두던 나라였다. 비옥한 농토와 풍부한 천연자원이 있는 전략적 요충지이기 때문이었다. 1991년 소비에트 연방 붕괴 이후 서서히 친^親서방으로 기우는 우크라이나에 푸틴이 제동을 걸었다.

2014년 우크라이나의 친러시아계 대통령 빅토르 야누코비치는 유럽연합과의 포괄적 조약에 서명하라고 요구하는 시위대에 발포 명령을 내렸다. 시위는 폭동으로 변했다. 야누코비치는 러시아로 망명했고, 푸틴은 우크라이나 남부 크림반도 지역을 합병하는 방식으로 보복했다. 푸틴과 오바마 그리고 메르켈은 우크라이나를 둘러싼 복잡한 정세에 휩쓸렸다. 메르켈은 많은 시간과 노력을 들여 2015년 러시아에 대한 경제 제재를 이끌어냈다.

유럽연합과 미국이 힘을 합친 러시아 경제 제재는 탁월한 정책으로 평가됐다. 여기서 복잡한 사안을 관리 가능한 단위로 쪼개는 메르켈의 능력이 빛을 발했다. 러시아어에 능통해 '푸틴 잡는 무티Mutti(엄마)'로 불렸던 그의 협상력 역시 중요하게 작용했다.

지도자로서 메르켈이 돋보였던 또 다른 사례는 이민정책이었다. 2014년 시리아 내전으로 대규모 난민이 유럽으로 쏟아졌다. 급기야 2015년 터키 보드룸 해안에서 세 살 남자아이 쿠르디가 사망한 채로 발견됐다. 배를 타고 시리아를 탈출하던 난민 가족의 아이였다. 빨간 티를 입은 쿠르디의 사진은 전 세계를 슬픔에 빠뜨렸다.

놀랍게도 메르켈은 100만 명의 난민을 받아들이기로 결정했다. 윤리적 결단이었다. 여기에는 루터교의 가치관을 바탕으로 세계 평화를 위협했던 어두운 독일의 역사를 극복하겠다는 메르켈의 의지가 담겨 있었다. 2015년 연말에는 쾰른에서 남성들이 여성들을 추행하고 겁탈하는 사건이 발생했다. 용의자 32명 중 22명이 망명 절차를 밟던 난민이었다. 우려와 다르게 이 사건에도 불구하고 90%의 독일인이 난민들에게 머물 곳을 제공하는 데 찬성했다. 메르켈의 결단력만큼이나 난민들을 수용하는 독일인들의 자세도 놀라웠다.

메르켈은 세 번째 총리 임기 말 극우 정당의 위협에 직면했다. 2016년 크리스마스에 베를린에서 이민자에 의한 테러로

버락 오바마와 회담하는 앙겔라 메르켈

12명의 사망자가 발생했다. 난민 정책에 대한 반대의 목소리가 커졌다. 극우 정당 '독일을 위한 대안^AfD'은 2017년 연방하원에 입성하며 전체 의석의 15% 이상을 차지했다. 독일을 위한 대안은 난민 수용, 여권 신장, 유럽연합, 북대서양조약기구^NATO 등의 의제에서 메르켈의 모든 것에 반대했다.

마튼은 2016년 메르켈이 네 번째 총리직에 입후보하겠다고 결심한 것을 권위주의와 포퓰리즘이 확산하는 상황에서 대안이 보이지 않았기 때문이라고 지적한다. 당시 메르켈이 입후보를 고사하면 세계 정치 무대에는 트럼프와 푸틴, 시진핑만 남는 상황이었다. 2020년 미국 대선에서 바이든이 트럼프를 꺾고 대통령으로 당선됐다. 바이든은 포퓰리스트 트럼프와 달리 민주주의자였다. 메르켈은 마음놓고 2021년 네 번째 임기를 끝으로 16년간의 기나긴 총리직을 마무리했다.

어린 소녀들에게 보내는 응원

정치인을 평가하기란 어렵다. 선과 악을 분명히 가늠할 수 있는 이들도 있다. 하지만 많은 업적을 남겼음에도 치명적인 잘못이 있을 수 있고, 다른 나라엔 불편한 악당이었지만 자국민들에겐 믿음직한 지도자일 수도 있다. 메르켈은 임기 말 독일 국민 80%의 지지를 받으며 퇴장했다. 하지만 그가 주도한 우크라이나의 일시적 평화는 2022년 러시아의 침공으로 깨졌고, 에너지 위기로 원전 중단 반대 의견이 독일 내에서 나왔다. 정치는 움직이는 것이고, 정치인으로서 메르켈의 삶을 여기서 평가할 생각은 없다. 내겐 그럴 능력도 없다.

흥미로운 건 페미니즘에 대한 메르켈의 입장이다. 마튼에 따르면 그간 메르켈은 페미니즘에 대해 모호한 태도를 보인다는 비판을 받아왔다. 그런데 꼭 그렇지만은 않았다. 메르켈은 2014년 독일 기업 이사회에 의무적으로 30%의 여성을 배정해야 한다고 법을 개정했다. 또 일곱 아이의 엄마인 우르줄라 폰데어 라이엔을 국방부 장관으로 임명했다.

2021년 퇴임을 앞두고 메르켈은 처음으로 자신이 페미니스트라고 고백했다. 페미니즘이 사회참여와 삶의 전반에서 남성과 여성의 평등을 추구한다면, 그런 의미에서 자신은 페미니스트라고 말이다. 메르켈은 언제나 말보다 실천을 앞세웠다.

21세기에 들어와 메르켈은 전 세계 여성들에게 하나의 분명한 롤 모델을 제시해왔다. 메르켈 자신이 이와 연관된 말을 한 적이 있다. 메르켈은 성차별주의에 맞서는 자신의 가장 큰 무기는 인생에서 성공을 거둬서 다른 사람들이 따를 수 있는 자극제 역할을 하는 것이라고 했다. 21세기에 이러한 자극제 역할을 한 대표적인 여성이 바로 메르켈이다.

"오늘날에는 어린 소녀가 '언젠가 장관이 되고 싶다', 심지어 '총리가 되고 싶다'는 말을 하더라도 웃는 사람은 없습니다. 심지어 일부 사람들은…." 그는 웃음을 유발하려고 잠시 말을 쉬었다가 덧붙였다. "남자가 이런 직무에 적합할지 의아해하기도 합니다." 『메르켈 리더십』, 403쪽

메르켈이 이런 농담을 던지자 청중으로부터 폭소가 뒤따랐다. 2018년 독일에서 여성참정권 보장 100주년을 축하하는 자리였다. 역사는 더디지만 이렇게 발전한다.

롤 모델로서 메르켈의 역할은 세계 어디서건 한 소녀가 자신이 여자라서 무언가를 못 한다고 생각하지 않게 하는 일이다. 또한 어떤 누구도 성별에 따라 할 수 있는 일과 그렇지 않은 일이 있다고 생각하지 않도록 하는 일이다. 메르켈은 성별에 대한 사회적 편견을 뛰어넘어 스스로 갈고닦은 능력과 성실성으로 우리 시대 최고의 정치가 중 한 사람이 됐다. 이 세상의 젊은 여성들 또는 어린 소녀들에게 이보다 더 큰 응원이 어디 있을까.

7.

명성황후, 긍정과 부정의 두 얼굴

주말에다 날씨까지 좋았다. 경복궁 매표소 줄이 길었다. 한복을 차려입은 사람들이 활짝 핀 매화만큼이나 화사했다. 근정전을 돌아 북쪽을 향해 걸었다. 한참 걷다보니 길이 한산해졌다. 향원정이란 연못이 나타났고, 건청궁이란 현판을 내건 건물이 보였다.

1873년, 고종은 궁궐 안 깊숙한 북쪽에 건청궁을 지었다. 그 해는 고종이 대원군의 섭정에서 벗어나 친정^{親政}을 선언한 해다. 건청궁 건립은 고종의 정치적 자립의 의지로 해석되기도 한다.

정치학자 이희주의 『명성황후 평전』(신서원 2020)을 읽다 문득 이곳에 와보고 싶었다. 곤녕합은 건청궁 건물 중 하나다. 명성황후가 생활공간으로 사용하던 건물이다. 1895년, 황후가 일본 자객에 의해 시해된 을미사변이 이 곤녕합의 옥호루에서 일어났다. 10월 8일 새벽 6시경이었다.

황후의 나이는 44세였다. 어떤 국가든 타국의 황후를 살해해서는 안 되는 일이었다. 을미사변 후 전국에서는 황후의 시해와 단발령에 저항하는 의병이 일어났다. 을미의병이었다. 황후는 어떤 존재였기에 이런 비극을 겪어야만 했던 걸까.

황후의 모습

1990년대까지 황후의 이미지는 대체로 부정적이었다. 이희주에 따르면 "시아버지 대원군과 권력투쟁을 벌인 패륜의 여성", "고종을 마음대로 조종하여 국정을 농단한 인물", "조선을 망하게 한 여성" 등의 어구가 그를 수식해왔다.

그런데 질문을 던지지 않을 수 없다. 일본은 왜 황후를 시해했을까. 그가 나쁜 인물이었다면 을미의병까지 일어날 필요는 없지 않았을까. 『명성황후 평전』은 바로 이러한 황후의 삶과 정치를 새롭게 조명하는 책이다. 황후의 존재를 다시 생각해보게 했다.

1883년 부임한 초대 조선 주재 미국 특명전권공사 루시어스 푸트의 부인인 로즈 푸트는 황후를 직접 만난 적이 있었다. 푸트는 황후를 만나기 전 그에 대해 부정적인 인상을 갖고 있었다. '폐쇄적 사고의 소유자, 지식을 사적인 권력 쟁취에만 이용하는 권력 집착형 인물, 사치스러운 인물' 등 당시 황후에 대한 풍문은 좋지 않았다.

하지만 푸트는 황후를 만나고 나서 생각이 달라졌다. 푸트는 남편과 본국으로 돌아가던 중 일본 천황 비의 대접을 받았다. 그 자리에서 황후에 대한 험담을 듣고 황후는 고귀하고 고상하며 열정적인 성품을 지녔고, 조선을 일으키려는 열망을 가졌다고 반박했다.

연세대학을 세운 호러스 그랜트 언더우드 목사의 부인이자 황후의 어의御醫였던 릴리어스 호턴 언더우드는 황후의 모습을 보고 다음과 같은 기록을 남겼다.

> 약간 창백하고 아주 가냘프며, 어느 정도 뚜렷한 얼굴과 명석하고 날카로운 눈을 가진 그는 언뜻 보기에 아름답게 보이지는 않았지만 어느 누가 보기에도 그 얼굴에서 보이는 힘과 지적이고 강한 성격을 읽을 수 있었다. 『명성황후 평전』, 201~202쪽

어느 정도 상상이 가능한 묘사였다. 당시 정세를 고려하면 황후는 외국인들에게 친절했을 것이다. 따라서 외국인들은 황후에 대해 우호적인 기록을 남겼을 것이다. 그럼에도 여러 기록을 보면 그가 지적이고 강한 여성이었음은 분명해 보인다.

황후를 둘러싼 논란

황후는 1851년에 태어났다. 이름은 민자영이라고 알려졌는데 명확한 근거는 없어 보인다. 조선시대 여성들은 이름이 없는 경우가 흔했다. 명성황후는 1895년 시해 후 1897년에 추존된 이름이다. 그래서 오랫동안 '민비'라고 불렸다. 민씨 가문 출신의 왕비라는 의미였다.

황후를 둘러싼 대표적인 두 논란이 있었다. 첫째는 황후의 가문에 관한 것이다. 시아버지 대원군이 외척들이 권력을 휘두르는 것을 방지하고자 한미한 가문에서 고종의 배우자를 골랐다는 건 알려진 이야기다.

이희주는 이의를 제기한다. 황후는 대원군의 부인과 같은 여흥 민씨 가문이었다. 이 가문은 고려 때부터 명망이 높았다. 태종의 비이자 세종의 어머니인 원경왕후, 숙종의 계비인 인현왕후가 여흥 민씨 출신이었다. 두 왕후는 조선시대 왕후들 가운데 비교적 잘 알려진 인물들이다.

황후의 고향은 경기도 여주 근동면 섬락리(현 여주시 능현동)였다. 1남 3녀가 모두 죽고 막내딸 황후만 살아남았다. 8세 때 아버지 민치록은 세상을 떠났지만, 황후는 양반계급 교육을 받은 것으로 알려졌다. 학문을 좋아했고, 유교 경전부터 역사서까지 폭넓은 서적을 섭렵했다. 고종 역시 황후를 추모해 지은

『어제행록御製行錄』에서 왕비의 자리에 올라 자신을 도운 것이 평상시의 공부에서 비롯되었다고 술회했다.

지금 관점에서 그 사람이 명문가 출신이냐 아니냐가 그렇게 중요한 문제는 아닐 것이다. 주목할 것은 그 출신을 문제 삼은 의도다. 특히 일본이 황후를 한미한 가문의 여성으로 깎아내리려던 의도는 분명해 보인다. 시아버지와의 권력 다툼에 집착하는 탐욕의 화신으로 황후의 이미지를 만들어야 자신들의 침략을 정당화할 수 있었을 테니 말이다.

둘째는 황후의 정치 관여에 관한 것이다. 당대 유학자들은 영조의 계비 정순왕후부터 '조대비'로 불리기도 했던 효명세자의 부인 신정왕후까지 이어진 수렴청정을 부정적으로 봤다. 전통사회의 강력했던 가부장주의를 생각하면 명성황후가 정사에 관여하는 것이 유학자들의 눈에는 결코 곱게 보이지 않았을 것이다.

그런데 생각해봐야 할 것은 조선이라는 전통사회에서 황후가 떠맡은 이중적 역할이다. 사적으로 황후는 순종의 어머니였다. 동시에 남편 고종을 도와 왕실과 종묘사직을 지켜야 하는 공적인 역할도 맡고 있었다. 아들 순종에 대한 과보호와 같은 개인적 행위, 고종의 친정 체제 구축과 같은 정치적 행위는 황후의 이런 이중적 정체성의 맥락에서 이해될 수 있었다.

대원군과 황후의 갈등 관계는 어떻게 볼 수 있을까. 12세에 왕위에 오른 고종이 21세가 됐는데도 대원군은 국정 운영을 넘기지 않았다. 고종은 1873년 친정을 선포했고 대원군은 하야했다. 이 과정에서 황후의 개입 여부는 정사^{正史}에 드러나지 않았지만, 황현과 박은식 등 유학자들의 기록은 황후가 고종에게 큰 정치적 영향력을 행사했다는 내용을 남겼다.

이 주장은 한번 따져볼 만하다. 그 핵심은 황후의 영향력이 어디까지였는지의 문제다. 고종은 정말 황후의 말대로 움직여진 존재였을까. 시아버지와 며느리의 권력 갈등이라기보다 아버지와 아들의 권력 갈등이 역사적 사실에 더 가까웠던 것은 아닐까.

황후가 영민했던 사람인 만큼 남편인 고종에게 상당한 영향을 미쳤으리라는 것은 부정하기 어렵다. 그렇다고 해도 전통사회에서 남편이 버젓이 있는데 부인이 권력을 좌지우지했다는 것은 석연찮다. 고종 자신이 강한 친정 의지를 갖고 있었다는 기록을 주목할 때, 황후에 대한 당대 유학자들의 평가에는 여성을 비하하려는 가부장주의가 도사리고 있음을 부인하기 어렵다.

조선의 망국에는 기실 내외의 요인이 결합돼 있었다. 내적으로 국왕으로서의 고종의 리더십이 문제가 있던 것은 사실일 것이다. 하지만 이 못지않게 중요한 것은 외적으로 일본의 제국주의적 침략 야욕 또한 간과해서는 안 된다는 점이다.

일본 제국주의는 조선을 결국 식민화했고, 이 식민화 과정을 정당화하려는 식민사관을 만들어냈다. 식민사관의 핵심은 조선이 허약한 나라라서 식민화될 수밖에 없었다는 논리였다. 식민사관은 고종을 무능한 통치자로, 명성황후를 국정농단자로 묘사함으로써 고종과 명성황후의 행위를 망국의 중요한 요인으로 부각시키려고 했다. 망국의 책임에서 고종과 황후가 벗어날 수는 없지만, 그렇다고 두 사람에게만 그 책임을 묻는 것은 온당하지 않을 것이다.

황후의 외교 감각

황후가 고종을 도와 국정에 관여했을 때 조선은 일대 전환기였다. 이러한 흐름에서 결정적 분수령을 이룬 사건은 1894년 동학농민혁명과 청일전쟁이었다. 일본은 청일전쟁에서 승리하고 청나라와 시모노세키조약을 체결했다. 청나라는 일본에 랴오둥반도와 타이완을 넘기고 전쟁배상금을 지불해야 했다. 여기서 일본의 랴오둥반도 진출은 러시아를 자극했다. 러시아는 프랑스, 독일과 함께 압박을 가해 일본이 랴오둥반도를 청나라에 돌려주게 했다.

이 삼국간섭으로 일본이 주춤하는 사이 조선은 일본의 영향에서 벗어나려는 정책을 추진했다. 이 정책은 황후의 아이디어였다. 고종은 『어제행록』에서 외국과 교섭하는 문제에서 황후가 권유한 수원정책^{綏遠政策}을 듣고 외국 사람들도 감복했을 정도라고 기록했다. 수원정책이란 먼 나라를 가까이하는 외교 전략이다. 임오군란과 갑신정변, 청일전쟁을 거치며 커진 청나라와 일본의 영향력에서 벗어나기 위해 러시아 등의 서양 세력에 다가서려고 한 것은 당시 현실적인 외교정책이었을 것이다.

"역사는 주체성과 개방성이라는 두 바퀴로 굴러가는 것이 정상이다." 역사학자 한영우가 『명성황후, 제국을 일으키다』(효형출판 2001)에서 한 말이다. 둘 사이의 균형감각이 필요하다는 이야기다. 한영우에 따르면, 전통을 지키려는 척사파는 개방성을 잃었고, 변화를 추구하는 개화파는 주체성을 상실했다. 고종과 황후가 선택한 길은 주체성과 개방성의 균형이었다. 일본을 멀리하고 서양 세력을 가까이하려는 수원정책이 황후의 생각이었음을 일본이 몰랐을 리 없었고, 이는 결국 황후 시해의 배경을 이뤘다.

고종은 1895년 5월 25일 일본의 훈련을 받고 왕궁을 감시하던 훈련대에 맞서 국왕 호위군 시위대를 창설했다. 10월 7일에는 훈련대 해산을 명령했다. 그러자 그 다음 날인 10월 8일 새벽, 앞서 말했듯 일본은 황후 시해라는 만행을 자행했다. 시신은 건청궁 동쪽 녹원으로 운반돼 불태워졌다.

황후의 장례식은 1897년 11월 21일에 국장으로 치러졌다. 고종이 러시아 공사관으로 피신했던 아관파천이 끝나고 1897년 10월 12일에 대한제국을 선포하자마자 한 일이었다. 황후의 죽음이 대한제국을 여는 하나의 계기가 됐던 역사적 사실은 당시 황후의 위상을 보여줬다.

명성황후가 시해된 옥호루.
건청궁 곤녕합의 남쪽 누각으로 1873년 건립되었다.
진위가 명확히 확인된 명성황후의 사진은 현재 남아 있지 않다.

여성으로서의 황후

영국의 지리학자 이사벨라 비숍은 황후와의 만남을 기록으로 남겼다. 『한국과 그 이웃 나라들』(살림 1994)에서였다. 1895년 황후를 만났을 때 황후는 내내 세자의 손을 꼭 잡고 있었다. 세자는 후에 대한제국 순종으로 즉위했다.

황후는 어머니로서 아픔이 있었다. 권력이 핏줄을 통해 정당성을 획득하는 시대에 결혼한 지 다섯 해가 되도록 후손을 낳지 못했다. 1871년 왕자를 낳았으나 4일 만에 사망했고, 1874년 순종을 낳았다. 4명의 아이를 다 어려서 잃었다. 순종 역시 어려서부터 병약했다. 외아들이자 종묘사직의 기둥인 순종에 대한 애틋한 사랑이 선명하게 읽힌다.

시인 김수영은 시 「거대한 뿌리」에서 비숍의 책을 인용하며 "천하를 호령하는 민비는 한 번도 장안 외출을 하지 못했다"고 썼다. 왕의 부인으로 나랏일을 좌지우지했다고 알려졌지만 황후 역시 남존여비라는 시대적 구속에서 벗어날 수 없었다. 아내이자 어머니 이전에 여성으로서 황후 본래의 얼굴은 과연 어떤 모습이었을까.

서로 다른 시각에서 극단적 평가를 받아온 만큼 황후의 본모습을 파악하기란 여전히 어렵다. 일방적으로 황후를 미화시키고 싶지 않다. 황후를 '조선의 국모'라고 일컫는 건 나처럼

21세기를 살아가는 이들에겐 낯설기도 하다. 그러나 풍전등화의 역사적 대전환기에 조선을 끝까지 지키려고 했던 황후의 노력을 무시해서도 안 될 것이다.

　분명한 것은 황후의 삶 역시 우리 역사의 한 부분이라는 점이다. 자랑스러운 역사도, 자랑스럽지 않은 역사도 우리의 현재를 떠받치는, 김수영의 말대로 '거대한 뿌리'다. 여러 얼굴을 보여줬다 해도 황후는 분명 한 사람이었을 것이다. 아내로서, 어머니로서, 무엇보다 여성으로서 황후는 과연 어떤 사람이었을까. 황후를 다시 만나고 싶었던 이유가 바로 여기에 있다.

나혜석, 선각자의 고난과 용기

"4남매 아이들아, 에미를 원망치 말고 사회 제도와 도덕과 법률과 인습을 원망하라. 네 에미는 과도기에 선각자로 그 운명의 줄에 희생 된 자이었더니라." 나혜석, 『나혜석, 글 쓰는 여자의 탄생』, 민음사 2018, 221쪽

　화가이자 작가였던 나혜석이 남긴 말이다. 1935년 잡지 『삼천리』에 발표한 나혜석의 에세이 「신생활에 들면서」에 나오는 구절이다. 현재의 시점에서 보면 가능한 말이겠지만, 90년 전에 한 말임을 생각할 때 참 이채로운 발언이다. 운명에 희생된, 그러나 진정한 선각자, 그가 바로 나혜석이다.

결혼과 구미 여행

  공적인 사회생활과 사적인 가정생활에서 모두 나혜석의 삶
은 남달랐다. 그는 1896년 경기도 수원에서 태어났다. 진명여
학교를 졸업하고 1914년 일본으로 유학을 떠나 도쿄 사립여자
미술학교에서 서양화를 전공했다. 1918년 미술학교를 졸업하
고 돌아와 정신여학교에서 미술을 가르쳤다. 1919년 3·1운동
에 참여해 5개월 동안 구금되기도 했다.

  나혜석의 삶에서 극적인 전환점은 1920년 김우영과 한 결혼
이었다. 나혜석도 그러했지만, 김우영도 유명 인사였다. 김우
영은 교토 제국대학에서 유학한 법조인이었다. 두 사람의 결
혼과정이 순탄한 것은 아니었다. 나혜석에게는 초혼이었지만,
김우영에게는 재혼이었다.

  당시 상황은 나혜석의 조카인 영문학자 나영균이 쓴 『일제
시대, 우리 가족은』(황소자리 2004)에 자세히 나와 있다. 김우영
은 나영균의 아버지 나경석의 친구였다. 나혜석의 일본 유학
도 나혜석의 재주를 아낀 오빠 나경석이 아버지를 설득해서
이뤄진 일이었다. 수원집에 친구를 만나러 온 김우영이 동생
나혜석을 보고 마음에 들어 계속 구애를 했다.

  나혜석은 김우영의 청혼을 세 가지 조건을 붙여 받아들였
다. 일생을 두고 사랑해 줄 것, 그림 그리는 것을 방해 말 것, 시
어머니와 전처 딸과 별거할 것. 김우영은 이를 받아들였다. 나

영균에 따르면, 당시 매스컴은 요즘 말로 하면 셀렙이었던 나혜석 부부의 일거수일투족을 다루었다.

일제 강점기라는 20세기 전반의 상황을 고려할 때 나혜석의 요구는 당당하면서도 범상치 않은 조건이었다. 결혼에서 사랑이 제일 중요하다는 것이 결혼관이었다면, 결혼으로 인해 화가로서의 정체성을 침해당하지 않겠다는 건 자립의 의지였다. 시어머니와 전처 소생의 딸과 독립해 살겠다는 건 당시뿐만 아니라 지금도 그리 가벼운 요구는 아닐 것이다.

나혜석의 삶과 예술, 그리고 페미니즘을 다룬 책은 적지 않다. 이 가운데 내 시선을 특히 끈 것은 문학연구자 장영은이 편집한 『나혜석, 글 쓰는 여자의 탄생』이다. 책의 서문에서 장영은은 나혜석이 칼자루를 쥔 남성 중심 사회를 변화시키기 위해 칼날을 쥔 여성들이 상처를 두려워하지 말아야 한다고 믿은 여성이었다고 평가한다. 이 책은 해설과 함께 나혜석의 소설과 에세이들을 엮어 그의 목소리를 직접 들을 수 있게 한다. 특히 다양한 잡지에 발표한 나혜석의 에세이들은 시대에 어울리지 않는 그의 솔직함을 보여준다.

나혜석은 자신의 의지대로 결혼한 뒤에도 왕성하게 작업했다. 1921년 여성 화가로서는 한국 최초로 개인 전시회를 열었고, 1922년에는 조선미술전람회에 작품 「봄」과 「농가」를 출품해 입선했다. 이후에도 지속적으로 조선미술전람회에 출품하고 입선했다. 남겨진 작품들을 보면 화가로서의 역량은 탁월

했다.

나혜석 부부의 삶은 거침없었다. 1923년 김우영은 만주 안동현 부영사로 임명돼 외교관 생활을 시작했고, 1927년 일본 외무성은 벽지 근무를 끝낸 김우영에게 구미歐美 시찰 기회를 안겨줬다. 시베리아철도로 러시아를 횡단해 독일, 프랑스, 영국, 이탈리아를 돌고 미국을 거쳐 귀국하는 16개월의 여정이었다. 나혜석 부부는 아이들을 할머니에게 맡기고 여행을 떠났다.

나혜석은 「이혼고백장」이란 글에서 이 여행으로 자신의 인생관을 정돈하는 기회를 가졌다고 썼다. 서구사회를 관찰하며 사람은 어떻게 살아야 좋을까, 부부는 어떻게 하면 화합하며 살 수 있을까, 구미 여자의 지위는 어떠한지 등에 대해 나혜석은 돌아봤다. 여기에 더해 화가로서의 삶의 정체성을 재발견하기도 했다.

이혼과 삶의 격랑

그런데 이 구미 여행은 나혜석의 운명을 흔들리게 할 사건을 품고 있있다. 나혜석은 파리에서 최린을 만났다. 최린은 복잡한 인물이었다. 3·1운동 때 민족 대표 33인 중 1명으로 독립선언서에 서명한 독립운동가였으나, 이후 광복까지는 친일파로 반민족적인 활동을 벌였다. 일본 메이지대학 법과를 졸업했고 보성학교 교장을 지냈으며 천도교 교단 최고직인 도령에 까지 오른 인물이었다.

구미 여행 중 김우영이 독일에 잠시 가 있었을 때 나혜석은 최린과 파리 구경을 하며 사랑에 빠졌다. 나혜석은 이때 최린에게 당신을 사랑하나 남편과 이혼하지는 않겠다고 했다. 구미 부부 사이에 이런 공공연한 비밀은 죄나 실수가 아니며, 이런 연애는 오히려 남편과의 정을 두텁게 한다는 것을 이유로 내세웠다. 이 일은 나혜석의 이혼에 결정적인 원인이 됐다. 이 사랑 이후 나혜석의 삶은 격랑에 휩쓸려갔다.

김우영은 이혼을 요구했고, 나혜석은 저항했다. 김우영은 이틀에 한 번씩 이혼 독촉장을 보내며 도장을 찍지 않으면 고소하겠다고 위협했다. 나혜석은 이혼하지 못할 이유로 노모와 아이들을 들었고, 부부 공동의 가정이었으니 이혼을 하더라도 생계를 마련해줘야 한다고 맞섰다. 하지만 나혜석은 김우영이 새로운 사랑에 빠지고 친척들이 이에 동의한 것을 보고 상심했다. 2년간은 재혼을 하지 않고 다시 복구할 수 있도록 하자는 서약서를 받고 이혼 도장을 내주었다.

나혜석은 결국 아이들을 놔두고 집을 떠났다. 아이들을 살릴까 내가 살까를 고민하다 '내 개성을 위하여, 일반 여성의 승리를 위하여'라는 결심을 한 끝이었다. 나혜석은 설마 이혼이 될까 생각했던 듯했지만, 이혼 수속까지 끝났다는 이야기를 듣고 김우영을 찾아갔다. 김우영을 만난 나혜석은 집까지 쫓아가 김우영이 새로 결혼한 여자까지 만나고 말았다.

이제 돌이킬 길이 없었다. 이런 나혜석의 이혼 과정은 앞서 말한 「이혼고백장」에 상세히 실려 있다. 나혜석은 이 글을 1934년 8월 『삼천리』에 발표했다. 이혼이 스스로의 의사가 아니라 남편이 강행한 것이란 사실뿐만 아니라 '필경은 같은 운명의 줄에 얽히어 없어지더라도 필사의 쟁투에 끌리고 애태우고 괴로워하며 재기하려 한다'는 당찬 포부를 밝히기 위해서였다.

이혼 과정과 자신이 원하는 바를 글로써 언론에 공개한 나혜석을 어떻게 볼 수 있을까. 요즘이라면 서구 연예인들이 하는, 그것도 아주 드문 행동이었다. 나혜석은 사회로부터 도덕적 비난을 크게 의식한 것 같지 않다. 최린을 사랑했다는 고백이나, 일찍부터 역경을 겪으라며 아이들을 떠난 결정까지 본인도 비난받을 것을 알고 한 고백들이 넘쳤다. 스스로 더없이 고통스러웠지만 참으로 당당한 페미니스트가 바로 나혜석이었다.

페미니스트로서의 나혜석

페미니스트로서의 나혜석의 자의식은 20대로 거슬러 올라간다. 1923년 잡지 『동명』에 실린 나혜석의 에세이 「모(母)된 감상기」는 발표하자마자 논란에 휩싸였다. 『동명』에는 이 글에

나혜석

대한 비판으로 백결생의 「관념의 남루를 벗은 비애」가 실렸고, 이에 대해 나혜석은 「백결생에게 답함」으로 공개 반박했다. 「모된 감상기」에서 나혜석이 쓴 '자식이란 모체의 살점을 떼어가는 악마' 같은 말을 지켜보면 이에 대한 논란은 사실 당연해 보인다. 나혜석이 이러한 반발을 모르고 이런 표현을 썼을 리 없다. 오히려 마음먹고 논란을 불러일으킬 생각으로 발표한 글이었다.

나혜석이 겨냥한 것은 '모성 신화'의 해체다. 그 무기는 구체적인 자기 경험이었다. 나혜석은 막상 결혼과 출산이 닥치자 이전에 생각하던 것과 너무 달랐다고 고백했다. 여자가 공부해서 뭐 하냐며 시집가서 아이 하나만 낳으면 볼일 다 본다고 얘기하는 다른 여성들의 이야기에 전에는 코웃음을 쳤다. 가정이란 기본적으로 남을 위하여 살아야 한다는 것을 몰랐다. 아이를 낳고 키우는 일은 생각과 너무 달랐다.

나혜석은 자신에게 태기가 닥치자 마치 꿈속 일처럼 부정하고만 싶었다. 고통과 속박은 추측을 넘어섰다. 이제야 예술이 무엇인지, 인생이 어떤지, 조선 사람과 조선 여성은 어찌해야 하는지에 대해 눈이 좀 뜨이고 해야 할 일이 너무 많은데, 출산과 육아는 그를 가로막았다. 나혜석은 이에 대한 억울함과 원통함을 토로했다.

나혜석에게는 출산부터 지독한 고통이었다. 「산욕」이란 그의 시는 이 때의 고통을 미사여구 없이 생생히 담고 있다. 10여

시간의 고통을 겪고 아이를 낳은 나혜석은 서럽고 원통해 대성통곡을 하고 말았다. 나아가 아기를 돌보는 것도 중노동이었다. 얼마나 잠이 모자란지 한 시간만이라도 마음놓고 실컷 자면 죽어도 원이 없을 것 같다고 고백했다. 나혜석은 그래서 태고부터 지금까지의 모든 어머니가 불쌍한 줄을 이제 알았다고 적어놓았다.

이런 현실은 가정을 이루고 출산과 육아를 경험한 여성에겐 너무나 익숙한 세계다. 모성이 천상의 가치로 포장될 때 지상에선 여성이 통곡과 지독한 노동을 겪는다. 「이혼고백장」에서 나혜석은 모성애에 만족하고 행복한 여성도 있지만 모성애에 얽매여 하고 싶은 것을 하지 못하고 비참한 운명 속에 울고 있는 여성도 있음을 상기시켰다. 글 쓰는 여자로서 나혜석은 결혼, 출산, 육아의 과정에서 모성에 씌워져 있는 아름다운 포장을 과감히 벗겨낸 셈이다.

이혼 후 나혜석의 삶은 어려움으로 점철됐다. 1931년 작품 「정원」이 조선미술전람회에 입선했지만 1933년 집에 불이 나 어려움을 겪었다. 같은 해 수송동에 여자미술학사를 세웠지만 재정난으로 문을 닫았다. 1932년경 파킨슨병에 걸려 건강이 급속히 나빠졌다. 이후 충남 예산 수덕사에 들어가 그림을 그리면서 기거했다.

나영균은 1941년 지팡이를 짚고 지척거리며 비탈길을 올라가는 회색 승복의 할머니를 보았다고 회고했다. 입은 덜덜 떨리고 눈동자에 초점이 없어 보이는 그 할머니가 자신의 집으로 들어가는 걸 보았는데 그가 나혜석인 걸 알고 놀랐다고 했다. 1948년 나혜석은 행려병자로 서울 원효로 시립자제원에서 사망했다. 시대의 선각자로서의 고독과 신화 파괴자로서의 형벌은 이렇게 안타까운 마감으로 끝이 났다.

상처받은 시대의 선각자

앞에서 인용했듯 나혜석은 여성의 삶을 옥죈 장본인이 사회제도와 도덕, 법률과 인습이라고 선구적으로 경고했다. 그가 고난을 겪은 것은 참을 수 없는 것을 참지 않았기 때문이었다. 가정을 꾸리고 출산과 육아를 떠맡는 과정에서 당시 여성이 처한 현실을 있는 그대로 폭로했다. 자신이 불륜을 저지르지 않았다고 변명하지도 않았다. 이혼 과정에서 자신이 처했던 상황을 사실 그대로 고백하고 알렸다. 우리 현대사에서 '상처받은 선각자' 또는 '모성 신화 파괴자'라는 말이 나혜석만큼 어울리는 사람은 없었다.

짧지 않은 인생을 살아가면서 누구나 행복한 삶을 꿈꾼다. 이 행복에 도달하는 데는 기본조건과 충분조건이 있기 마련이다. 나와 같은 여성들에게는 그 기본조건 중 하나가 성평등일 것이다. 여성이 남성과 동등한 권리를 갖지 못한 채 자신의 행복을 온전히 이루기 어렵다는 것은 부정할 수 없는 사실이다.

주체적인 삶을 추구하는 여성이라면 더욱 그러할 것이다.

20세기 초라는 시대적 구속을 돌아볼 때 나혜석의 삶은 더없이 주체적이었다. 어떤 이들은 그의 자유분방함이 지나쳤다고 생각할지도 모른다. 그러나 현대사회에서 삶이 하나일 수 없다. 복수로 존재하는 게 인생이며, 그 개인들의 자발적 선택은 존중받아야 한다. 자유롭고 평등한 삶을 꿈꾸는 우리 사회 여성들에게 나혜석의 삶은 울림이 큰 용기를 선사한다. 내가 때때로 이 상처 입은 선각자의 삶을 떠올리는 이유가 여기에 있다.

이태영, 4천년을 기다려온 변호사

이태영에 대한 글을 써보려다 놀란 게 한두 번이 아니다. 1952년 그가 고등고시 사법과에 합격해 서울변호사회 소속으로 개업한 후 1979년까지 여성 변호사는 단 한 명이었다. 1977년 여성 변호사 강기원이 개업했지만 같은 해 이태영이 '3·1민주선언'으로 변호사 자격을 박탈당해 1980년에야 복권됐다. 최초의 여성 법관은 1954년에 임관한 판사 황윤석이다. 황윤석이 1961년 사망한 후 12년간 여성 법관이 없다가 1973년에야 여성 법관 3명이 임관했다.

한국 법조계는 철저하게 남성들로만 이뤄진 성채였다. 이태영이 없었다면 어쩔 뻔했을까. 그의 삶을 보더라도 당시 여성들이 법조계에 진출하는 건 쉽지 않았다. 어린 시절 이태영이 웅변대회에서 했다는 말처럼, 아들을 낳으면 온 동네가 기뻐하고 딸을 낳으면 어머니가 울던 시대였다. 여성의 사회 진출에 가장 큰 장애물은 여성이라는 사실 그 자체였다.

학업과 결혼 생활

전기작가 윤해윤이 쓴 『이태영』(나무처럼 2021)은 이태영의 남다른 삶의 경로를 추적하고 있다. 이태영은 1914년 평안북도 운산군 북진읍에서 태어났다. 아버지는 금광에서 일하며 국경지대를 찾아온 독립투사들을 후원했는데, 이태영이 태어나고 1년 후 안타깝게 일찍 세상을 떠났다. 어머니는 개화한 기독교 집안에서 자란 신여성이었다. 홀로 된 어머니는 시장에서 장사하며 세 아이를 키워냈다. 열두 살 터울의 오빠는 서울에서 공부를 했다. 어린 이태영에게 변호사를 권할 정도로 든든한 오빠였다.

이태영은 평양 정의여자고등보통학교를 졸업하고 서울 이화여자전문학교 가사과에 입학했다. 1936년 이화여전을 졸업한 이태영은 평양에 있는 평양여자고등성경학교에서 교사로 근무를 시작했다. 이태영의 삶에서 중요한 전환점은 1936년 정일형과의 결혼이었다.

정일형은 한국 현대사에 적잖은 영향을 끼친 인물이었다. 그는 연희전문학교 문과를 졸업하고 1929년 미국으로 유학을 떠났다. 재미 유학생회에 참여해 독립운동을 했던 정일형은 돌아와 연희전문학교 교수로 일하다 평양에서 개척교회를 일궜다. 그는 교회에서 청년들에게 독립사상을 일깨우기 위한 강연회를 열었다. 이로 인해 일본 경찰의 감시 대상이 됐다.

1937년 정일형은 평양에서 도산 안창호의 특별 강연회를 주최했다. 그는 이 강연회로 인해 일본 경찰에 연행됐고, 이후 본격적인 항일운동에 합류했다. 이태영은 교사 월급으로 살림을 꾸리고 출산과 육아를 감당해야 했다. 살아가는 건 점점 어려워졌다. 큰아이를 병으로 잃었다. 일본 경찰은 걸핏하면 정일형을 잡아들여 고문을 자행했다. 정일형은 1941년 일본으로 피신했다 돌아왔다가 일본 헌병에 다시 체포됐다. 심문과 고문으로 이어진 구금 상태는 2년이나 계속됐다. 이태영까지 붙잡혀 들어가 조사를 받아야 했다.

이 시절 이태영에게 당장 닥친 것은 생활 문제였다. 식대와 약값까지, 옥바라지에는 많은 돈이 필요했다. 게다가 당시 서울에서 교사로 있던 이태영은 정일형이 감금된 평양경찰서를 오가야 했다. 누비이불이 잘 팔린다는 소리를 듣고 이불 장사를 시작했다. 직접 이불을 만들고 집집을 다니며 행상을 했다. 이러한 과정에서 형편이 나아져 가게를 내고 집을 사기도 했다.

최초의 여성 변호사

1945년 광복을 맞이하자 남편 정일형은 풀려났다. 정일형은 이제 짊어진 보따리를 바꿔 메자고 했다. 이듬해 이태영은 서울대학 법학과에 입학했다. 네 아이의 어머니이자 시어머니와 남편이 있는 가정주부였다. 이태영은 1950년 졸업했고, 한국전쟁으로 부산으로 피란을 떠났다. 그리고 1952년 제2회 고등고시에 합격했다.

당시 이태영의 합격은 대대적으로 보도됐다. 여성으로 처음인 데다가 서른아홉 살의 가정주부였으니 사람들 관심을 크게 끌 만한 일이었다. 이태영은 판사를 지원했다. 하지만 이승만 대통령이 여자가 판사가 되는 것은 시기상조라며 거부했다. 남편 정일형이 야당의 국회의원이었다는 점도 판사 임용을 막는 중요한 요인이었다.

> 그리하여 변호사 사무실 문을 열자마자 마치 4천여 년이나 나 같은 사람이 나오기를 기다렸다는 듯이 버림받고 서러움 많은 여자들이 줄을 지어 몰려왔다. 사무실 앞 골목은 온종일 울음소리가 끊이지 않았다. 이태영 『'정의의 변호사' 되라 하셨네』, 한국가정법률상담소 1999, 170쪽

이렇게 우리나라 최초의 여성 변호사가 탄생했다. 이태영은

변호사 사무실을 집에다 차렸다. 문을 열자마자 남편의 외도, 가정폭력, 불합리한 이혼 등으로 고통받던 여성들이 골목까지 줄을 섰다.

당시 여성들은 법에 대한 무지와 취약한 경제 상황뿐 아니라 불합리한 법 자체로 고통받고 있었다. 일본 법을 그대로 가져와 1959년까지 쓰였던 구舊민법은 남녀의 평등한 권리를 침해하는 조항이 많았다. 아내가 법률행위를 할 때도 남편의 허가가 필요했다.

이태영은 1956년 '여성법률상담소'를 차렸다. 재능 기부를 통해 무료 상담을 진행했고, 우편 상담, 전화 상담, 잡지 상담은 물론 라디오 상담까지 진행했다. '목요가족법강좌'를 열어 여성들에게 법률을 가르쳤고, '어머니학교' 등에서 부부·고부·부모자식 관계에 대한 교육을 했다.

세상을 바꾼 이태영

남성들이 독점해온 영역에 처음으로 진출한 여성들은 참 대단하다. 이를 혼자 돌파해내기란 정말 쉽지 않았을 테니까 말이다. 오랫동안 남성들로만 채워진 법조계에 처음으로 진출한 것만으로도 이태영은 이 나라의 여성들에게 크나큰 용기와 힘을 안겨줬다.

최초의 여성 변호사로 부와 권력을 누리는 길로 나아갈 수도 있었을 것이다. 그러나 이태영은 달랐다. 이 땅의 여성들과 같이 잘 살기로 마음먹었다. 법률가답게 이태영은 제도적 변화를 향해 나아갔다. 법을 바꾸는 일이었다. 1948년 대한민국 정부수립 후 법전편찬위원회가 구성돼 1954년 민법 초안을 국회에 제출했다. 헌법은 분명히 남녀의 동등한 권리를 규정했지만 민법의 친족과 상속 편에는 여성 차별적 조항이 많았다.

예를 들어 남편의 전처 소생이나 혼인외 출생자는 아내의 자식이 되지만 그 반대는 불가능했다. 남편 쪽 친족 범위가 더 넓었고, 자녀의 친권 행사자는 아버지가 우선이며 어머니는 그다음이었다. 상속을 보면 딸의 호주 상속 순위가 최하위였고 결혼한 딸은 상속에서 제외됐다. 아내의 상속분은 호주보다 적었는데, 결국 아들이 어머니나 딸보다 상속에서 더 우위에 있었다. 현재의 시점에서 보면 납득하기 어려운 규정이었다.

이태영은 1952년 시보試補 연수 중 민법안에서 호주제가 계승되고 남녀 차별적 규정들이 존재한다는 걸 발견했다. 그래서 여성단체들을 모아 '여성단체연합'을 만들었고, 1953년 법전편찬위원회에 건의서를 제출했다. 이후에도 관계 기관에 진정서를 제출했고 각종 집회, 방송, 강연을 펼쳤다.

1957년 대표 발의 정일형 의원 외 33명의 이름으로 민법 수정안이 제출됐다. 1958년 개정된 가족법에 이 수정안의 일부가 반영됐다. 1961년 이태영은 국가재건최고회의에 여성단체들과 가족법 개정을 위한 진정서를 제출했으나 가정법원 설치

가족법 개정운동에 나선 이태영

출처: 정일형·이태영 박사 기념사업회

정도의 성과만 거뒀다.

1973년 61개의 여성단체가 '범여성가족법개정촉진회'를 결성했고 10개 항의 개정 요강과 결의문을 채택했다. 이태영은 가족법 개정안 자문위원으로 참여해 개정안을 같이 준비했다. 이 개정안은 1975년 국회에 제출됐고, 1977년 일부 개정이 이뤄졌다. 이처럼 가족법은 더디게 바뀌어갔다. 동성동본 금혼이 법적 원칙이었으나 1979년 1년간 한시적으로만 혼인신고와 자녀 입적 신고가 허용됐다. 가족법에서 남녀 차별을 지탱하는 호주제는 그동안의 노력에도 끄떡없었다.

이태영이 여성운동에만 나선 것은 아니었다. 1971년 당시 야당인 신민당에 입당한 다음해에 유신헌법이 통과되고 독재가 시작됐다. 1976년 3·1절을 기념해 명동성당에서 열린 미사에서는 유신체제에 반대하는 '민주구국선언문'이 발표됐다. 이 선언문에 서명한 정일형은 의원직을 상실했고, 선언문 작성에 관여한 이태영은 3년간 변호사 자격을 박탈당했다.

3·1민주선언 재판이 진행되는 과정에도 이태영은 '여성백인회관' 건립을 추진했다. 건물을 짓다 돈이 모자라면 재판 중에도 돈을 구하러 다녔다. 상담소가 셋방살이로 떠돌았기에 독립된 건물을 짓는 건 이태영의 오랜 꿈이었다. 상담소를 돕던 '10인 클럽'과 '17인 클럽'이 지원했다. 처음에는 2000만 원이 있으면 집을 지을 것 같았다. 그래서 100명이 20만 원씩 모을 계산이었다. 하지만 5년에 걸쳐 모금했는데 건물 지을 땅을

사는 데 그쳤다.

1975년 이태영은 필리핀의 막사이사이상을 수상했다. 아시아 지역에서 사회 공헌 등의 업적이 있는 개인이나 단체에 주는 상이었다. 1만 달러의 상금으로 일단 건물을 올리기 시작했다. 이어 한국에서 100명, 미국에서 100명 등 1700여 명의 정성이 모였다. 이태영과 100명의 회원들이 직접 공사장에 가서 벽돌을 날랐다. 마침내 6층 높이의 건물을 지어냈다. 건물을 완성한 결과도 주목할 만했지만 건물을 올린 과정은 정말 대단했다. 두드리고 또 두드렸다. 될 때까지 하고야 마는 끈기였다.

가족법 개정을 위한 이태영의 노력은 1980년대에도 계속됐다. 1984년에는 한국여성단체협의회 주관 아래 41개 여성단체 대표의 발기로 '가족법 개정을 위한 여성단체 연합'이 결성됐다. 이태영이 회장이었다. 하지만 개정은 무산됐다. 가족법 개정의 핵심에는 동성동본불혼제와 호주제가 있었다. 유림이 격렬히 막아섰다. 1987년 민주화의 물결을 타고 광범위한 개정이 이뤄졌다. 그런데도 동성동본불혼제와 호주제는 여전히 폐지되지 않았다.

2005년 민법이 개정되어 호주제와 동성동본불혼제가 폐지됐다. 호주제는 남녀 차별이 뿌리박은 대표적인 틀이었다. 동성동본불혼제 폐지로 6만여 쌍의 부부가 구제받았다. 이태영이 처음 여성법률상담소를 차린 지 무려 50년 가까이 지난 후였다. 이태영만이 아니라 남녀평등을 위해 노력해온 많은 이의 꿈이었다. 안타깝게 그 누구보다 기뻐했을 이태영은 이 성취를 보지 못했다. 이태영은 1998년 12월 이미 세상을 떠났다.

여성들에게 오랜 염원이었던 가족법 개정, 동성동본불혼제와 호주제 폐지는 이태영이 쌓아 올린 수많은 벽돌 위에 이뤄진 일이었다. 물론 이태영 혼자서만 쌓은 것은 아니었다. 많은 이가 동참했다. 결혼 제도의 불합리함을 없애고, 각각의 배우자가 동등한 권리를 가지고 가정을 이루며, 딸과 아들이 차별받지 않고 가정 내 권리를 누리는 세상은 이태영과 그의 동료 및 후배들이 우리에게 주려 했던 선물이었다.

남녀평등이라는 집

남녀평등의 집은 다 지어지지 않았다. 가정은 평등하지 않다. 2022년 통계청 사회조사 결과에 따르면, 실제 가사분담은 아내가 주도한다가 74.6%, 공평하게 분담한다가 21.3%, 남편이 주도한다가 4.1%였다.

가정 밖이 평등한 것도 아니다. 우리나라는 경제협력개발기구 가입 이래 2022년 기준 28년째 성별 임금격차 최하위를 기록하고 있다. 다보스포럼이 2024년 발표한 '성 격차 지수'에서는 146개 국가 중 94위에 그쳤다.

남녀가 평등하게 살기 위해서는 제도 개혁과 문화 혁신이 동시에 이뤄져야 한다. 문화적 혁신을 수반하지 않는 제도 개혁은 공허하고, 제도적 뒷받침 없는 문화적 혁신은 벽에 부딪힐 수밖에 없다. 남녀평등을 위한 제도 개혁에서 이태영은 언제나 앞장서서 성취를 일궈냈다. 이태영은 이 책에서 다루는 인물 가운데 특히 그 만남을 기다려온 인물이었다. 그 까닭은 제도 개혁을 향한 대장정에서 언제나 가장 앞자리에 서 있던 인물이 바로 이태영이었다는 데 있다.

우리나라에서도 언젠가는 남녀평등의 집이 다 지어질 것이다. 이태영의 삶을 돌아보며 갖게 되는 믿음이다. 물론 쉽지는 않을 거다. 다 같이 한 장 한 장 벽돌을 쌓아서 지어야 할 것이다. 이미 바닥을 고르고 틀을 세워 올린 앞선 이들의 노력이 있었다. 이제 현재 세대가 그 위로 새로운 벽돌을 한 장 한 장 더 쌓아 올려야 할 것이다. 그 벽돌의 이름이 성평등을 위한 더 많은 제도 개혁, 더 많은 문화 혁신이라고 나는 생각한다.

2부

정신을
빛낸
─────────── 여성들

마리 퀴리, 꺾이지 않는 마음

놀거리가 많지 않았던 어린 시절, 외판원을 통해 집에 들여온 책들을 많이 읽었다. 그 가운데 어린이용 위인전도 있었다. 인류의 긴 역사에서 이렇게 많은 서양 백인 남성이 위인으로 뽑힌 것에 의문을 품지는 못했다. 오히려 고난을 이겨내고 성공한 사람들의 인생을 보며 미래에 대해 꿈을 꿨다.

나이가 들면서 그런 위인전들이 내 인생에 도움이 되었을까 생각해보게 됐다. 천재성으로 포장된 괴팍함으로 주변 사람들이 참 고생했겠다 싶은 인물들이 적지 않다. 한 인물의 성공에 좋은 시기와 뜻밖의 만남 같은 행운이 없지 않으니 성공담을 덮어놓고 믿기도 어려웠다. 성공담으로 편집해놓은 이야기와 실제 인생의 거리는 나이가 들수록 너무 멀어 보였다.

그럼에도 한 사람의 인생에 대한 이야기를 읽는 일을 여전히 좋아한다. 세상일은 내가 어쩔 수 없을 때가 많다. 내가 해야 할 건, 내가 하고 싶은 일과 할 수 있는 일을 찾는 것이다. 그 과정에서 현명한 사람들의 삶을 통해 용기를 얻을 수 있다면 고마운 일이다. 여성 과학자 마리 퀴리^{Marie Curie}의 인생 이야기를 읽는 건 '꺾이지 않은 마음'이 찾아간 길을 따라가보는 경험이다.

8년의 기다림

1937년 『마리 퀴리』(동서문화사 1987)를 낸 저자는 퀴리의 둘째 딸 에브 퀴리^{Eve Curie}다. 딸이 쓴 어머니의 전기가 갖는 장점은 많다. 어머니가 겪은 일들을 딸만큼 자세히 아는 사람도 없을 것이다. 에브 퀴리는 자신이 가족 안에서 보고 들은 것만이 아니라, 친척과 친구들을 통해 조사한 사실들과 퀴리가 그들과 주고받은 편지 같은 자료를 실으며 온전한 어머니를 복원하기 위해 노력했다.

퀴리는 1867년 폴란드 바르샤바에서 태어났다. 아버지와 어머니 모두 교육자였던 집안의 다섯째 중 막내였다. 당시 폴란드는 러시아의 지배 아래 있었다. 10세의 퀴리가 겪은 다음의 일화는 식민 지배를 당한 역사가 있는 우리에게 가슴 아프게

다가온다.

퀴리는 학교에서 역사 시간에 폴란드어로 폴란드 역사를 배우고 있었다. 갑자기 벨이 울렸다. 장학관이 온다는 비밀 신호였다. 몇몇 학생들이 폴란드어 교과서와 공책을 모아 기숙사에 숨기고 돌아왔다. 들이닥친 장학관은 교실을 조사하고 선생에게 학생을 지목해달라고 했다. 똑똑한 학생이던 퀴리가 지목됐다. 장학관은 기도문을 외워보라고 명령했다. 당시 러시아 황제는 매일 러시아어로 기도문을 외우게 함으로써 폴란드인들을 모욕했다. 퀴리는 정확히 암송했다. 그리고 러시아 황제의 이름과 칭호 같은 질문에 대답했다. 장학관이 나가자 퀴리는 울음을 터뜨렸다.

화목하지만 가난한 집안이었다. 퀴리의 형제들은 가정교사로 일해야 했다. 퀴리 역시 가정교사로 돈을 벌며 다른 젊은 이들과 함께 민족 부흥의 꿈을 꿨다. 비밀리에 이뤄지던 '이동 대학'에서 공부하던 17세의 퀴리는 서민 여성들을 교육하기 시작했다. 퀴리는 당시 자신을 '이상적 실증주의자'로 생각했다. 에브 퀴리에 따르면, 이 시기의 퀴리는 조국애와 인류애, 학문에 대한 동경이 뜨거운 열정으로 엉켜 있었다.

하지만 퀴리에게 학문에 대한 동경을 실현할 길은 쉽게 열리지 않았다. 당시 폴란드 대학에는 여성이 입학할 수 없었다. 공부를 계속하려면 프랑스 파리에 있는 대학으로 가야 했다. 퀴리의 언니 역시 파리로 가서 의학 공부를 하고 돌아와 폴란드에서 의사로 일하고 싶어 했다. 퀴리는 파리 소르본대학에 유학해서 지식에 대한 갈망을 해소하고, 폴란드로 돌아와 동포들에게 지식을 나눠주는 교육자가 되고 싶었다.

자매는 모두 파리에 유학 갈 돈이 없었다. 퀴리는 자신이 입주 가정교사 일을 하며 언니의 학비를 대고, 언니가 공부를 끝내면 자신을 도와줄 것을 제안했다. 1885년, 18세의 퀴리는 직업소개소에서 입주 가정교사 자리를 구했다. 처음에 바르샤바에서 구한 부잣집은 실망스러웠다. 게다가 도시에 살면서는 저축을 많이 할 수 없었다. 퀴리는 보수를 더 받을 수 있는 자리를 구해 시골로 떠났다.

퀴리는 입주한 집 아이들을 가르치는 한편 동네 아이들을 모아 폴란드어 교육을 하기 시작했다. 공장 도서실에서 빌려온 사회학과 물리학 책을 밤늦게까지 읽었다. 시간이 흘러 입주 가정교사를 하는 집의 장남과 사랑에 빠졌다. 하지만 부모가 가난한 가정교사와의 결혼을 반대하자 남자는 결혼을 포기했다. 그런데도 퀴리는 계속 그 집에 머물렀다. 퀴리에겐 돈이 필요했다.

『마리 퀴리』에는 당시 퀴리의 심경을 보여주는 편지들이 실려 있다. 어떤 편지에서는 어떻게든 지금을 헤쳐 나가다 안 되면 세상에 안녕을 고하겠노라고 낙담했다. 어떤 편지에서는 자신은 꿈을 포기했으니 언니와 오빠만은 잘되었으면 좋겠다고 체념했다. 나라를 위해 일하겠다는 큰 뜻을 품었음에도 마을에서 12명쯤 되는 아이들에게 읽기와 쓰기를 가르치는 게 고작이라고 한탄하는 내용의 편지도 있었다.

1890년 퀴리가 가정교사를 한 지 5년쯤 됐을 때, 언니로부터 연락을 받았다. 다음 해에 결혼하게 됐으니 1년 후에는 파리로 와 함께 살면서 공부할 수 있다는 반가운 내용이었다. 뜻밖에 퀴리는 이 제안을 거절했다. 퀴리는 "이미 꿈은 날아가버렸고, 지금 갑자기 그 가능성이 다시 열린다 해도 어떻게 해야 좋을지 모르겠다"고 답장을 썼다. 어린 소녀의 꿈이 어떻게든 세상을 헤쳐 나가려다 그만 시들어버린 거였다.

회복은 천천히 이뤄졌다. 퀴리는 입주 가정교사를 끝내고 집으로 돌아왔다. 교사인 아버지와 지성을 자극하는 대화를 나누며 원기를 찾아갔다. 이동 대학에도 다시 참여했다. 이때 퀴리에게 큰 기쁨을 준 것은 '농공업박물관'이란 이름의 연구소에 들어간 일이었다. 러시아 당국을 속이고 폴란드 청년들에게 과학을 가르치는 연구소였다. 퀴리는 훗날 이곳에서 여러 가지 실험을 해보며 실험에 대한 관심이 점점 커졌다고 회고했다.

마침내 1891년, 여학교를 졸업한 지 8년, 가정교사를 한 지 6년이 지난 어느 날 퀴리는 언니에게 파리로 가도 되겠느냐고 편지를 보냈다.

마리 퀴리와 첫째 딸 이렌느

여성과학자의 자리

 그렇게 어렵게 퀴리는 소르본대학에 입학했다. 공부할 기회를 얻었지만 가난은 파리까지 따라왔다. 언니의 집에서 나와 자취방에 사는 퀴리의 생활은 황량했다. 가난한 유학생은 제대로 먹지도 못했고, 7층 다락방은 몹시 추웠다. 그래도 훗날 퀴리는 가난 속에서 공부에만 매진했던 이 시절을 무척 행복하게 회상했다. 그만큼 학문에 대한 열정은 대단했다.

 1895년 퀴리는 피에르 퀴리와 결혼했다. 피에르 퀴리는 이미 소르본대학에서 상당한 연구 업적을 쌓은 물리학자였다. 행복하기만 했으면 좋았겠지만, 결혼으로 퀴리에게 많은 일이 가중됐다. 하루 중 과학 연구에 8시간, 집안 살림에 2~3시간을 할애했다. 요리와 청소는 온전히 자신의 몫이었다. 퀴리는 곧 임신했고, 아이를 키워야 했다.

 물론 연구는 왕성하게 계속되고 있었다. 퀴리는 박사학위 논문을 준비하면서 방사선에 주목했다. 우라늄 화합물이 뒷날 퀴리가 방사선이라 이름붙인 적은 양의 에너지를 계속 발산하는 것이 발견됐다. 방사선 연구는 당시 미지의 영역이었다.

 피에르 퀴리는 물리화학학교에 부탁해 퀴리가 실험할 공간을 얻었다. 실험을 거듭한 결과 퀴리가 발견한 새로운 원소, 그러니까 여태까지 알려지지 않은 새로운 물질이 바로 '라듐'이었다. 피에르 퀴리도 연구에 합류했다. 퀴리는 이어서 다른 새로운 원소를 발견하고 '폴로늄'이란 이름을 붙였다. 모국인 폴란드를 기억하게 하는 이름이었다.

> "물리학자는 언제나 자신이 연구한 것을 모두 발표해야 해요. 우리의 발견에 상업성이 있다 해도 그것은 우연일 뿐이니 우리가 이용해선 안 돼요. 게다가 라듐은 병든 사람을 치료하는 데 효과가 있는걸요. (…) 거기에서 이익을 얻다니 과학자로서 바람직하지 않다고 생각해요." 『마리 퀴리』, 291~92쪽

라듐이 암 치료 등에 효과를 보임에 따라 상업적 가치를 얻게 됐다. 라듐 관련 산업이 생겨났지만 퀴리 부부는 여전히 가난했고 허술한 실험실에서 연구했다. 라듐 추출 기술에 특허를 받아놓으면 막대한 부를 얻을 수도 있었지만 퀴리는 라듐에서 물질적 이익을 얻으려 하지 않았다. 그것이 퀴리가 생각한 과학의 정신이었다.

1903년 스웨덴 왕립과학아카데미는 노벨물리학상을 앙리 베크렐과 퀴리 부부에게 공동으로 수여했다. 방사선 현상에 대한 연구 업적에 따른 결실이었다. 퀴리 부부의 연구에 국제적인 관심이 쏟아졌다. 그때가 돼서야 퀴리는 피에르 퀴리의 실험실에 정식으로 출입할 수 있는 실험주임主任에 임명됐다. 이전엔 실험실에 젊은 여자가 있다는 걸 그저 묵인했을 뿐이고 퀴리에게는 아무런 자격도, 수당도 주어지지 않았다.

3년 뒤, 남편 피에르 퀴리가 마차에 치어 세상을 떠났다. 에브 퀴리는 아버지의 죽음 이후 퀴리의 어깨에 고독과 비밀의 망토가 영원히 걸쳐졌다고 썼다. 퀴리에게 피에르 퀴리는 사랑하는 남편이자 학문적 동료였다. 퀴리는 피에르 퀴리의 죽음으로 공석이 된 실험소장 자리에 임명됐고, 피에르 퀴리의 후임으로 소르본대학 강사 자격을 얻었다. 지금으로 보면 당연한 결정이다. 하지만 당시에는 여러 학자들의 노력이 뒷받침된 일이었다. 프랑스 고등교육 사상 처음으로 여성에게 직급을 수여하게 된 것이었다.

1914년 제1차 세계대전이 발발했다. 퀴리는 부상자를 치료하기 위해 방사선차를 만들어 전쟁터로 달려갔다. 제2의 조국인 프랑스를 위한 일이었다. 전쟁이 끝나고 모국 폴란드가 123년 만에 독립을 찾았다. 퀴리는 폴란드 바르샤바에 라듐연구소를 세울 결심을 했다. 1925년 여러 단체들과 폴란드 국민들의 도움으로 연구소 건립이 시작됐다.

1922년 퀴리는 파리의학아카데미의 회원으로 선출됐다. 프랑스에서 아카데미에 들어간 최초의 여성이었다. 쉬운 일이 아니었다. 회원 35명이 청원을 했고, 65명이 선언문에 서명을 했고, 후보자들이 모두 입후보를 사퇴해서 가능했다. 퀴리는 1911년 과학아카데미에 입후보해 1표 차이로 낙선했었다. 같은 해 12월에 라듐과 폴로늄을 분리하고 화합물을 연구한 업적으로 두 번째 노벨상(화학상)을 수상할 정도로 인정을 받고

있었는데도 그랬다. 과학아카데미는 퀴리가 여성이라는 이유
만으로 거부했던 것이었다.

　1934년 7월 4일 퀴리는 세상을 떠났다. 병은 고열을 동반한
악성빈혈이었다. 제1차 세계대전 당시 엑스선에 과다하게 노
출됐고, 라듐의 방사선에 오랫동안 피폭되었던 게 원인으로
지목됐다. 1995년 퀴리는 피에르 퀴리와 함께 여성 최초로 프
랑스가 국가적 위인들을 안치해 기리는 팡테옹으로 이장됐다.
뒤늦은 감이 없지 않았다.

　꺾이지 않은 길

　꿈이 시들지 않도록 보존하고 자신의 길을 개척하는 건 개
인의 일이다. 이 꿈이 꺾이지 않도록 돕고 개인의 역량이 충분
히 발휘될 수 있도록 하는 건 사회의 일이다. 개인으로서의 여
성이 공적인 삶을 의미 있게 살아가기 위해 사회의 역할이 중
요한 건 두말할 필요가 없다.

　퀴리에게 장애물은 너무 많았다. 남성 중심적 교육제도와
경제적 가난을 모두 넘어서야 했다. 또 여자라는 이유로 연구
를 위한 직책이나 사회적 지위를 얻는 게 어려웠다. 실험실에
서 연구를 진행하는 동시에 요리하고 청소하고 아이를 키워야
했다. 퀴리는 당시 가족제도와 사회제도가 부과한 어려움을
묵묵히 감당해냈다.

퀴리는 결코 꺾이지 않고 자신의 길을 개척해갔다. 과학과 가족만이 그의 모든 것이었다. 퀴리가 걸어간 길은 이후 많은 여성 과학자에게 용기와 힘을 안겨줬다. 퀴리가 자신의 꿈이 꺾이지 않도록 온 힘을 기울여 노력한 것은 다음 세대의 여성을 위해, 그리고 우리 인류를 위해 참 다행한 일이었다.

노벨상 수상이 최고 과학자의 조건은 아닐 것이다. 그러나 과학자로서 노벨상을 받는 것은 영예로운 일이다. 지금까지 노벨상을 두 번 받은 과학자는 5명뿐이었다. 퀴리는 최초로 노벨상을 두 번 수상한 과학자였다. 2023년 경제학, 평화, 생리의학, 물리학 분야에서 4명의 여성이 노벨상을 받았다. 퀴리가 여성으로서 최초로 노벨상을 받은 지 120년 만의 일이다. 더디지만 역사가 이렇게 앞으로 나아가는 것 역시 참 다행한 일이다.

2.

제인 구달, 동물 사랑과 자연 사랑의 실천

대학에서 사회학과 국문학을 공부했다. 자연과학은 멀게 느껴졌다. 과학 현상을 다루니 엄격하고 논리적인 학문이라고 생각했다. 그랬던 자연과학에 인간적 온기를 불어넣어준 사람이 있다. 동물행동학자이자 환경운동가인 영국의 제인 구달 Jane Goodall 이다.

동물행동학자 구달

구달이 1988년 출간한 『제인 구달: 침팬지와 함께 한 나의 인생』(사이언스북스 2005)은 한 소녀가 자신의 꿈을 찾고 세상으로 나아가 그 꿈을 실현해나간 이야기를 담고 있다. 일종의 자서전이다.

구달은 어려서부터 동물을 무척이나 사랑했다. 개나 말처럼 동네에서 만날 수 있는 온갖 동물과 어울리는 게 좋았다. 어머니가 도서관에서 빌려다준 『둘리틀 박사 이야기』를 읽었다. 동물과 의사소통이 가능한 둘리틀 박사가 아프리카에서 갖은 모험을 하는 이야기다. 구달은 아프리카로 가보고 싶다는 꿈을 꾸었다. 일곱 살 때였다.

열여덟 살, 고등학교를 졸업한 구달은 동물을 관찰하고 동물에 대해 글을 쓰고 싶다는 꿈을 품고 있었다. 1950년대 당시 사람들은 젊은 여자가 집을 떠나 야생동물을 관찰하러 가는 건 무모하다고 했다. 구달은 비서 자격증을 따고 병원에서, 옥스퍼드대학에서, 영화제작소에서 일했다. 꿈은 멀어 보였다.

그러다 우연한 기회에 구달은 아프리카 케냐로 가게 됐다. 오랫동안 꿈꾸던 둘리틀 박사의 아프리카였다. 동물에 관심이 있으면 인류학자이자 고생물학자인 루이스 리키 박사를 만나라는 말을 듣고 구달은 그를 찾아가 비서로 일하게 됐다.

얼마 후 리키는 구달에게 아프리카 탄자니아에서 침팬지들의 생활을 관찰하고 기록하는 연구직을 제안했다. 경험도, 학위도 없었지만 아프리카에서 동물들과 함께 지내고 싶다는 그의 꿈에 딱 맞는 일이었다. 당시 이 지역을 지배하던 영국 정부 관리들은 결혼하지 않은 여자가 혼자 가는 것을 허락하지 않왔다. 결국 구달의 어머니가 동행하는 조건으로 연구 허가가 떨어졌다. 난관을 헤치고 구달은 탄자니아에 있는 곰베강 야생동물보호구역에서 연구를 시작했다.

새삼 감탄하게 되는 건 구달의 용기다. 여자 혼자 아프리카 침팬지 서식지에 가서 일을 하는 게 결코 쉬운 일은 아니었다. 사자나 표범 같은 맹수들과 마주친 순간들은 아찔했다. 그 시절 아프리카의 불안정한 정치 상황을 생각하면 더욱 위험한 일이었다.

1975년 아프리카 반군들이 나이지리아 곰베에서 구달을 돕던 학생 4명을 포로로 잡아가는 사건이 일어났다. 비밀 협상으로 반군들에게 거액의 몸값을 지불하고서야 학생들을 구할 수 있었다. 구달의 아프리카 생활은 자신의 꿈에 대한 믿음과 용기 없이는 불가능한 일이었다.

구달을 생각하면 누구나 침팬지를 떠올린다. 그동안 알려지지 않았던 침팬지의 다양한 생활 모습을 전해줬기 때문이다. 침팬지는 밤이면 튼튼한 나무줄기 사이에 나뭇가지를 구부려 얹어 잠자리를 만들었고, 보드라운 잎이 많이 달린 나뭇가지를 주워 베개를 만들었다. 사람과 다를 바 없는 섬세한 행동이다.

이뿐만이 아니다. 구달은 어느 날 침팬지가 긴 풀잎 하나를 개미굴에 집어넣었다 빼는 걸 목격했다. 침팬지는 풀잎에 잔뜩 매달린 흰개미를 입술로 훑어 씹어 먹었다. 그 풀잎이 꺾이자 침팬지는 작은 나뭇가지를 주워 대신 사용했다. 이런 구달의 관찰과 발견은 도구를 사용할 줄 아는 인간의 우월함, 즉 '호모 파베르Homo Faber'에 대한 믿음을 깨뜨렸다. 침팬지들은 갖가지 소리와 몸짓으로 의사소통을 했다. 그리고 사람만큼이나 관계가 중요한 사회생활을 했다.

침팬지에게도 우리 사람처럼 마음이 있다. 보통의 침팬지 수컷은 여덟 살이 되면 어미를 떠나 다른 수컷들과 함께 다니면서 어른이 됐을 때 필요한 것들을 배운다. 한 수컷 침팬지는 늙은 엄마를 떠나지 못했다. 어느날 엄마 침팬지가 죽었다. 아들은 엄마의 죽음을 받아들이지 못하고 사체 주위를 맴돌다 떠났다. 절망에 빠진 듯 보였다. 지켜보던 사람들이 먹이를 주고, 외로움을 느끼지 않게 하려고 애썼다. 하지만 3주 만에 아들도 죽고 말았다. 늙은 엄마가 아들을 독립적인 어른으로 키우지 못했던 탓도 있지만, 엄마를 잃은 침팬지의 마음은 사람과 다를 바 없었다.

환경운동가 구달

구달은 탁월한 동물행동학자다. 구달이 학자로만 살았더라면 나는 그를 잘 알지 못했을 것이다. 구달은 훌륭한 환경운동가이기도 하다. 구달은 말한다.

나는 수십 년을 내가 가장 하고 싶었던 일들을 하면서 지냈다. 즉 숲

에서 자유로운 야생의 침팬지들과 함께 보낸 것이다. 이제는 돌려주
어야 할 때이다. 내가 숲에서 침팬지들과 지냈던, 그 경이로운 시간
들에 대해 보답을 할 때가 된 것이다. 『제인 구달』 196쪽

구달은 침팬지들과 지냈던 경이로운 시간들에 대한 보답으
로 침팬지와 동물을 넘어 환경보호까지 나아간다. 그 시작은
침팬지들의 고통에 대한 교감이었다.

1980년대 당시 아프리카에서 침팬지는 점차 사라지고 있었
다. 25개 나라에 분포하던 침팬지는 4개 나라에서 사라졌고, 5
개 나라에선 멸종위기에 처해 있었다. 열대우림지역은 점점
줄어들었고, 침팬지들은 식용으로 사살됐다. 새끼들을 잡아 애
완용이나 동물원, 서커스단, 의학 연구용으로 팔기 위해 어미
들을 죽였다.

구달이 시장에서 만난 새끼 침팬지는 흐리멍덩한 눈으로 철
사 우리에 갇혀 있었다. 그대로면 얼마 뒤 죽을 터였다. 구달
은 침팬지들이 인사할 때 내는 소리를 냈다. 어미 잃은 작은 침
팬지는 가만히 앉아 구달을 쳐다보더니 얼굴을 만지려고 팔을
뻗었다. 침팬지를 사냥하고 판매하는 것은 불법이지만, 이는
멈춰지지 않았다. 구달은 미국 대사와 탄자니아 환경 담당 장
관을 찾아갔다. 결국 환경 담당 장관과 경찰관을 대동하고 가
서 침팬지를 구해냈다.

구달은 우리 인간이 동물들을 어떻게 대해야 할지를 고민해

야 한다고 힘주어 말한다. 세상에는 지독한 고통을 겪는 사람들이 많다. 당연히 그들을 도와야 한다. 왜냐하면 우리는 그들과 같은 감정을 가진 존재이기 때문이다. 그건 침팬지도, 다른 동물들도 마찬가지다. 여기에 동의한다면 동물들의 고통에 당연히 마음을 써야 한다. 구달은 '잔인함'이 인간의 죄악 중 최악이라고 생각한다. 잔인함이란 상대에게 필요 없는 고통을 주는 것이기 때문이다.

침팬지들을 구하기 위해서는 세상이 바뀌어야 했다. 침팬지들을 구하는 일은 세상을 구하는 일이기도 했다. 침팬지를 위협하는 그 환경파괴가 세상을 위협하기 때문이다.

이런 구달의 생각은 그의 저작 『희망의 이유』(김영사 2023) 한국어판 서문에서 엿볼 수 있다. 구달에 따르면 지구는 여섯 번째 대멸종의 한가운데 있다. 산소를 공급하는 숲은 계속 파괴되고, 지구의 온도는 점점 높아진다. 산업화된 농업은 생물다양성에 큰 위협을 가하고, 산업화된 어업과 공장식 축산 역시 지구 생태계에 막대한 영향을 미친다.

구달은 최근의 코로나19 팬데믹 원인을 동물 착취에서 찾는다. 사람들이 야생 지역으로 더 깊숙이 들어갈수록 야생동물과 더욱 밀접하게 접촉하게 되고, 그 결과 바이러스는 야생동물에게서 사람으로 넘어온다는 것이다. 구달은 말한다.

만약 여러분이 모든 좋은 소식을 주시하기 시작하면 네 가지 강력한 희망의 이유를 깨닫게 될 것이다. 바로 놀라운 인간의 두뇌, 자연의 회복력, 젊은이들의 의지와 결단력, 불굴의 인간 정신이다. 『희망의 이유』, 12쪽

　구달이 희망을 품는 까닭은 인간에 대한 믿음에 있다. 구달이 관찰한 침팬지는 선하기만 한 존재도, 악하기만 한 존재도 아니었다. 침팬지는 공격적이고 잔인해질 때가 있지만, 동시에 친절하고 애정이 넘쳤다. 구달은 사람도 마찬가지라고 이야기한다. 심술궂고 적의에 가득 차 있을 때도, 친절하고 사랑이 넘칠 때도 있다. 미디어는 끊임없이 나쁜 소식을 전하지만 문제를 해결하려 노력하는 사람들이 있다. 많은 국가들이 숲과 서식지를 보호하고 복원하려 애쓰고 있다.

　인간의 두뇌는 복합적인 그 무엇이다. 인간은 놀라운 두뇌로 여러 기술을 발달시켰다. 하지만 이제 냉장고와 에어컨 같은 훌륭한 발명품들이 환경을 파괴할 수 있다는 것을 알게 됐고, 그런 문제들을 해결하는 데 힘쓰고 있다. 다행히 자연에겐 놀라운 회복력이 있다. 게다가 적지 않은 젊은이들이 이 문제를 인식하고 있으며 이를 해결하기 위해 나선다. 마지막으로 절망적인 어려움을 딛고 성공하거나 다른 이들을 위해 새로운 길을 개척한 이들은 우리에게 용기를 선사한다. 구달은 이러한 일련의 흐름이 가장 큰 희망이라고 말한다.

　환경운동가로서 구달의 활동 가운데 특히 주목할 것은 두

출처: Jane Goodall Institute

침팬지와 함께한 제인 구달

가지다. 하나는 생태 프로그램이다. 구달은 지구를 살리려는 젊은이들을 돕기 위해 '뿌리와 새싹Roots and Shoots'이라는 프로그램을 마련하고 추진했다. 이 프로그램은 1991년 탄자니아의 다르에스살람에서 구달이 만난 고등학생들의 작은 모임에서 시작됐다. 젊은이들이 미래의 뿌리와 새싹이라는 의미다. 뿌리는 땅 밑에서 조금씩 자라나 단단한 토대를 만들고, 새싹은 작고 연약하지만 햇빛을 받기 위해 담장도 무너뜨릴 수 있다고 구달은 말한다.

'뿌리와 새싹'은 1993년 유럽과 미국 등으로 퍼져나갔다. 우리나라에서도 '생명다양성재단'이 '뿌리와 새싹'의 소모임 운영 관리와 지원을 하고 있다. '생명다양성재단'에 따르면, '뿌리와 새싹'은 동물, 이웃, 환경을 생각하고 실천하는 전세계적인 풀뿌리 환경 모임이다. 현재는 50여 개국 수십만 명의 청소년이 국제적으로 교류하는 네트워크로 성장했다.

다른 하나는 연구 활동이다. 1977년 설립된 제인구달연구소는 1994년 '탕가니카호 집수集水, 재산림화, 교육TACARE' 프로그램을 개발했다. 이 프로그램은 지역사회 주도로 환경파괴 없이 생존하는 방법을 찾을 수 있도록 고안된 것이다. 탄자니아 침팬지 서식지 전역 104개 마을이 협력하는 이 프로그램을 통해 한때 벌거벗은 언덕으로 둘러싸였던 곰베 생태계에 다시 숲이 우거지고 있다.

제인 구달이라는 롤 모델

구달은 두 번 결혼했다. 첫 남편은 사진작가이자 다큐멘터리 제작자였다. 촬영 때문에 돌아다녀야 했기에 결혼 생활을 유지하기 어려웠다. 두 사람 사이에 태어난 아이도 이로부터 영향을 받지 않을 수 없었다.

구달은 침팬지 연구를 위해 곰베에서 많은 시간을 보내야 했다. 이런 조건은 자신의 아이에게도 안전한 상황은 못 되었다. 침팬지가 다른 동물들을 사냥하는 것처럼 사람의 아기를 사냥할 수도 있었다. 아들이 아직 걷지 못할 때는 동물들처럼 우리를 만들어 아이를 보호해야 했다. 다행스럽게 아이는 위험을 헤치고 잘 자랐다.

두 번째 남편은 탄자니아 국립공원의 책임자였다. 구달은 그가 없었으면 침팬지 연구를 계속할 수 없었을지 모른다고 고백했다. 두 사람은 많은 어려움을 함께 겪어냈다. 비슷한 일을 같이 한다는 것은 행운이었다.

여성으로서의 구달의 삶이 안겨주는 의미는 뭘까. 세상에는 훼손된 여성의 인권을 고발하고 젠더 불평등을 해결하는 데 기여한 페미니스트들이 많다. 이들의 담론과 사회운동은 젠더 불평등을 일깨우고 바로잡는 데 작지 않은 역할을 맡았다.

구달은 자연과학자로서 자신의 삶을 당당히 개척해나가는 여성의 삶에 모범을 선보였다. 구달은 1934년에 태어났으니 여성의 사회진출이 쉽지 않았을 때였다. 이런 상황에 맞서 구달은 아프리카에서 동물행동학자로 살아간다는 자신의 꿈을 이루었다. 소녀 시절 품었던 이 꿈은 시간이 흐르면서 더 큰 꿈으로 바뀌었다. 그것은 침팬지를 구하고 동물과 인간이 더불어 사는 세상을 이루는 꿈이다.

구달의 삶은 페미니스트들의 삶과 결이 다소 다르다. 구달은 페미니즘을 앞세우지 않았지만 여성에게도 자기 꿈과 일이 중요하다는 것을 일깨우고 그것을 당당히 일궈나감으로써 결과적으로 남성과 여성의 불평등을 해결하는 하나의 롤 모델을 보여주었다.

앞서 말했듯 자연과학은 내게 낯선 분야다. 하지만 모범이 되었던 여성 자연과학자들의 삶에 눈이 많이 간다. 이 책에서 살펴봤던 마리 퀴리나 『침묵의 봄』으로 생태학의 지평을 넓혔던 레이첼 카슨과 같은 이들의 삶은 여성 예술가나 여성 정치가 못지않게 주목받아야 하지 않을까. 제인 구달이라는 또 하나의 이름을 그 목록에 놓아둔다.

3.

비스와바 쉼보르스카, 일상의 놀라움을 깨우다

두 번은 없다. 지금도 그렇고

앞으로도 그럴 것이다. 그러므로 우리는

아무런 연습 없이 태어나서

아무런 훈련 없이 죽는다.

우리가, 세상이란 이름의 학교에서

가장 바보 같은 학생일지라도

여름에도 겨울에도

낙제란 없는 법.

폴란드 시인 비스와바 쉼보르스카^{Wisława Szymborska}의 시 「두 번은 없다」(『끝과 시작』, 문학과지성사 2016, 이 글에서 시 인용은 이 시집을 따름)는 이렇게 시작한다. 깊게 생각할 것 없이 그렇다. 연습이나 훈련이랄 것 없이 모든 순간이 다 처음이다. 그러니 두 번은 있을 수 없다. 이 세상이란 학교에 낙제는 없다. 그러니 제외되는 사람은 없다. 누구나 태어나 죽음이란 출구를 향해 걸어간다. '단 한 번의 하루, 단 한 번의 밤, 단 한 번의 입맞춤, 단 한 번의 눈빛.' 모든 것이 단 한 번뿐이다. 시는 다시 이어진다.

> 힘겨운 나날들, 무엇 때문에 너는
> 쓸데없는 불안으로 두려워하는가.
> 너는 존재한다 - 그러므로 사라질 것이다
> 너는 사라진다 - 그러므로 아름답다

'너'라는 표현은 시를 읽는 '나'를 부르는 것 같다. 시는 내게 힘겨운 나날들에 왜 불안으로 두려워하는지 묻는다. 답을 내놓을 것 없이 시가 응답을 한다. 우리는 존재하므로 사라질 것이고, 사라지므로 아름답다고.

단 한 번에 사라질 것이라고 해서 하찮다는 게 아니다. 우리는 하찮은데 하찮지 않다. 어느 날 사라질 것이므로 지금 존재 그 자체로 아름답다. 삶의 의미와 무의미가 풍성하게 피어오른다. 세상은 덧없는데 덧없지 않다. 하루도 같은 날이 없으니

매 순간이 처음이자 마지막이다. 그만큼 귀하다.

　　미소 짓고, 어깨동무하며
　　우리 함께 일치점을 찾아보자.
　　비록 우리가 두 개의 투명한 물방울처럼
　　서로 다를지라도….

　시 「두 번은 없다」는 이렇게 끝난다. 서로 다른 존재가 함께 할 가능성에 대해 이렇게 높은 설득력이라니. 각자가 세상에 유일무이한 존재라면 우리가 함께하는 건 어떻게 가능한가. 이건 우리가 얼마나 다르고 얼마나 같은가의 문제다. 두 개의 투명한 물방울은 얼마나 같고 얼마나 다른가. 아무리 서로 다른 유일한 존재더라도 두 개의 물방울 사이의 일치점 정도를 찾는 건 쉬워 보인다. 미소 짓고 어깨동무하는 우애가 있다면 말이다.
　「두 번은 없다」는 쉼보르스카의 대표작으로 손꼽힐 뿐만 아니라, 폴란드에서 초등학교 교과서에 실릴 정도로 사랑받는 시다. 번역으로 인해 운율을 느끼지 못하지만 의미만으로도 울림이 결코 작지 않다.

이념과 체제에서 인간 존재로

쉼보르스카가 우리나라에 널리 소개된 건 1996년 노벨문학상을 수상하고서였다. 1945년 시 「단어를 찾아서」로 등단한 작가를 나 역시 뒤늦게 알게 됐다. 머나먼 폴란드의 시인이다. 우리말로 옮겨진 대표적인 시집이 『끝과 시작』이다. 폴란드 문학 연구자 최성은이 번역을 맡았다. 이 시집은 2000년 출간된 『비스와바 쉼보르스카 자선 시집』과 『순간』(2002), 『콜론』(2005)이라는 시집에서 골라 엮은 것이다. 『끝과 시작』은 쉼보르스카가 1993년 출간한 시집 제목이기도 하다.

최성은은 우리말 시집 『끝과 시작』에서 쉼보르스카의 생애를 소개하고 있다. 쉼보르스카는 1923년 폴란드 중서부의 소도시 브닌에서 태어났다. 크라쿠프에 있는 야기엘론스키대학에서 사회학과 폴란드어문학을 공부했다. 야기엘론스키대학은 오래전 중세 천문학자 니콜라우스 코페르니쿠스가 공부했던 고풍스러운 폴란드 명문 대학이다. 대학을 그만둔 후 쉼보르스카는 정부 기관지 『크라쿠프 공회당』, 잡지 『문학생활』 등의 편집부에서 일했다. 1968년부터는 잡지 고정 필자로 30여 년간 '쉼보르스카의 권장 도서'란 제목하에 서평과 칼럼을 연재했다.

쉼보르스카의 젊은 시절에 폴란드는 공산주의 체제였다. 구소련과 동유럽 사회주의 국가의 예술창작에서 이념에 친화적

인 사회주의 리얼리즘이 강조되던 때였다. 쉼보르스카가 1952
년에 낸 첫 시집『우리가 살아가는 이유』와 1954년에 낸 두 번
째 시집『나에게 던지는 질문』은 사회주의 리얼리즘을 충실히
따랐다. 1954년에는 폴란드 통일노동자당으로부터 문학상을
수상하기도 했다.

　여기까지의 이력을 보면 시「두 번은 없다」는 잘 상상이 되
지 않는다. 분명 시인의 시선은 이념과 체제보다는 인간 존재
에 맞추어져 있기 때문이다. 그 까닭은 쉼보르스카의 변화에
서 찾을 수 있다. 1950년대 후반 쉼보르스카는 공산주의와 결
별을 선언했고, 1957년「두 번은 없다」가 실린 시집『예티를 향
한 부름』을 펴냈다. 그래서『예티를 향한 부름』이 실질적으로
는 데뷔 시집처럼 여겨진다.

　　가족 중에서 사랑 때문에 죽은 이는 아무도 없다.

　　한때 일어난 일은 그저 그뿐, 신화로 남겨질 만한 건 아무것도 없다.

　　로미오는 결핵으로 사망했고, 줄리엣은 디프테리아로 세상을 떠났다.

　　(…)

　　내가 아는 한 이 사진첩에 있는 사람들 가운데 사랑 때문에 죽은 이
　　는 아무도 없다.

　　슬픔이 웃음이 되어 터져 나올 때까지 하루하루 무심하게 세월은 흐
　　르고,

　　그렇게 위안을 얻은 그들은 결국 감기에 걸려 죽었다.

1967년 시집 『애물단지』에 실린 「사진첩」의 처음과 끝이다. 로미오와 줄리엣이 가문의 반목에 휩쓸려 사랑 때문에 죽었다는 건 유명한 이야기다. 시인은 왜 이렇게 말하는 걸까. 대개의 삶이 평범한 일상으로 이루어졌다는 데 주목해보자는 건 아닐까. 삶이란 무언가를 위해 있는 게 아니다. 대의를 위해 희생하거나 사랑에 목숨을 거는 큰 이야기는 이런 평범한 삶을 어딘가로 몰고 가며, 결국 그 평범함에 담긴 소중한 의미를 잃게 한다.

어떻게 살 것인가의 질문

평범한 일상의 소중함을 발견한 쉼보르스카에게 그 일상이 놓인 현실의 무게는 그러나 결코 가볍지 않았다. 일상이 진행되는 현재는 과거라는 역사가 누적돼 모습을 드러낸다. 바로 여기서 일상과 역사는 대립한다. 쉼보르스카가 강조하려 했던 건, 역사와 무관한 일상은 지속불가능하고 일상과 무관한 역사는 삶에 뿌리를 내리지 못한다는 점에 있었던 것으로 보인다.

우리의 20세기는 이전의 다른 세기들보다
훨씬 더 발전할 예정이었다.
그러나 그 사실을 입증할 기회를 놓치고 말았다.

(⋯)

　　바야흐로 신은 인간이 선하면서, 동시에 강인할 수 있다는 사실에
수긍할 예정이었다.

　　그러나 선함과 강함은 여전히 공존하지 못한다.

　　선한 인간은 독하지 못하고, 독한 인간은 선하지 않다.

　　1986년 펴낸 시집 『다리 위의 사람들』에 실린 「20세기의 마
지막 문턱에서」 일부다. 20세기는 발전할 예정이었으나 그러
지 못했다. 인간은 강하면서 선하려고 했으나 그러하지 못했
다. 시인이 드러낸 실망처럼, 인류에게 20세기는 쉽지 않았다.
비극과 재앙이 도처에 있었다. 두 차례에 걸친 세계대전이 있
었고, 이 시가 쓰인 1980년대 중반까지 세계는 냉전의 한복판
에 있었다.

　　1980년대 폴란드에서는 시민사회와 국가 사이의 갈등이 분
출하고 있었다. 폴란드를 포함한 동유럽 전체가 소련의 영향
에서 벗어나 민주화를 추구하는 열망으로 끓어오르고 있었다.
20세기 후반 서유럽과 동유럽은 크게 달랐다. 서유럽에서는
민주주의가 꽃을 피웠지만, 동유럽에서는 전체주의라는 유령
이 떠돌고 있었다. 폴란드에서도 역사의 발전에 대한 희망과
인간에 대한 믿음이 흔들리고 있었다. 이에 쉼보르스카는 고
백한다.

"어떻게 살아야 할까요?" 누군가 내게 편지로 물었다.

이것은 내가 다른 이들에게 묻고 싶었던

바로 그 질문이었다.

(…)

이 순진하기 짝이 없는 질문보다

더 절박한 질문은 없다.

「20세기의 마지막 문턱에서」 마지막 구절이다. 쉼보르스카 시의 매력은 바로 여기에 있다. 쉼보르스카는 이념 또는 일상의 가치를 일방적으로 추구한 시인이 아니다. 역사 속에서, 일상 속에서 어떻게 살 것인가야말로 쉼보르스카가 던지는 질문이다.

  20세기 후반 폴란드에서의 삶은 영국, 프랑스, 독일 등 서유럽에서의 정치·경제적 삶과 달랐다. 정치·경제적 삶이 다르다고 문화·실존적 삶마저 다른 것은 아니었다. 쉼보르스카에게는 보편적인 실존의 삶도, 구체적인 역사의 흐름도 모두 중요했다. "인간 실존 문제를 역사적·생물학적 특성과 연계하여 명쾌하게 드러내 보였다"는 것이 스웨덴 한림원이 쉼보르스카에게 노벨상을 수여한 이유였다.

비록 일시적인 순간에 불과하다 해도

누구나 자신만의 무수한 과거를 지니고 있으니

비스와바 쉼보르스카

토요일이 오기 전에는 자신만의 금요일이 있으며,

유월이 오기 전에는 자신만의 오월이 있기 마련.

사령관의 망원경에 포착된 동그란 풍경처럼

지극히 현실적인 자신만의 지평선을 가지고 있다.

1993년 발표한 시집 『끝과 시작』에 실린 「제목이 없을 수도」
의 일부다. 개인적 시각에서 보면 누구나 순간을 가볍게 여길
수 없다. 찰나적인 순간에는 그의 모든 지나간 시간이 있다. 다
른 사람에게 중요하지 않더라도 누구나 망원경으로 포착하는
자신만의 지평선이 있다. 순간의 소중함은 모든 것의 소중함
으로 번져 나간다.

생각해보면 삶이란 사소하고 하찮은 것들의 의미를 계속 깨
달아가는 과정이다. 쉼보르스카는 역사와 현실이 갖는 힘과
무게를 부정하지 않는다. 그렇다고 역사와 현실이 우리 삶의
모든 것은 아니다. 역사적·현실적 삶 안에 존재하며 무수한 자
유와 상상을 안겨주는 자기만의 사건, 일, 의미를 반복해 발견
해가는 게 삶일 것이다. 이러한 삶을 소중하게 생각했던 시인
이 바로 쉼보르스카다.

소중하지 않은 삶은 없다

하지만 우리가 준거의 틀로 삼을 만한 지극히 '당연한' 세상은 실은

어디에도 존재하지 않습니다. 우리의 놀라움은 스스로 현존하는 것이기에 그 어떤 것과의 비교를 통해 생성될 수는 없습니다. (…) 시어詩語의 세계에서는 그 어느 것 하나도 평범하거나 일상적이지 않습니다. 그 어떤 바위도, 그리고 그 위를 유유히 흘러가는 그 어떤 구름도, 그 어떤 날도, 그리고 그 뒤에 찾아오는 그 어떤 밤도. 아니, 그 누구의 것도 아닌 이 세상의 모든 존재도. 『끝과 시작』, 455쪽

쉼보르스카의 노벨문학상 수상 연설 중 일부다. 자신의 시에 대한 가장 간결한 요약이다. 시인의 사명은 지상에 놀라움을 가져다주는 것이다. 그것도 당연히 존재하는 세계와의 비교를 통한 게 아니라 스스로 존재하는 놀라움을 잡아내고 드러내야 한다.

인간과 사물이 모두 속한 세계는 평범하거나 일상적이라고 여겨지는 순간 놀라움을 잃는다. 놀라움을 잃은 세계는 눈에 띄지 않는다. 얼마나 많은 세계가 놀라움을 잃고 함부로 다루어지고 있는지. 시인의 눈에 띄어 놀라움을 회복할 때까지 바위는 그저 흙먼지를 둘러쓴 채 길가에 서 있고, 구름은 하늘에 흘러 여기저기 흩어질 뿐이고, 낮과 그에 따라오는 밤은 기억나지 않는 시간들로 채워진다.

그래서 우리는 시인이 필요하다. 무딘 감각으로 미처 집중하지 못하던 갖가지 사물들이, 시인의 시선으로 깨어난다. 식물들이 깨어나고 동물들이 깨어나고 세계가 깨어난다. 그리고

우리 각자가 깨어난다. 이 세상 어느 것도 하찮은 것은 없다. 하찮게 본다면 그건 알아보는 눈이 없어서다. 모든 존재가 소중하니 모든 삶이 소중하다. 시인의 눈으로 보면 이 세상에 소중하지 않은 삶이 없다. 그러니까 나의 삶 역시 소중하다. 이렇게 시인의 눈과 지혜를 빌려 우리는 스스로의 삶을 긍정할 힘을 얻는다.

쉼보르스카는 2012년 세상을 떠났다. 생전에 12권의 시집을 냈고, 유고 시집으로 『충분하다』가 출간됐다. 1967년에서 2002년까지 30여 년 동안 폴란드의 신문과 잡지에 연재되었던 서평들을 골라 우리말로 번역한 『읽거나 말거나』(봄날의책 2018)도 나와 있다. 노벨문학상을 받은 지 30년이 가까워지는데도 우리나라에서 그의 시들은 계속해서 읽히고 있다.

가끔 스스로에게 던지는 질문이 있다. 이 현기증 나는 21세기에도 시를 읽어야 한다면 그 이유는 무엇일까. 인간과 유사한 사이보그가 나와도 전혀 이상하지 않을 시대로 인류는 성큼성큼 들어서고 있다. 이런 시대에 인간이 인간인 까닭은 인간만의 느낌과 감성 그리고 삶이 있기 때문일 것이다. '연습 없이, 훈련 없이 진행되는, 두 번은 없는 단 한 번만의' 이 삶이 바로 우리 인간의 삶이다. 가끔 쉼보르스카의 시를 읽는, 그의 지혜에 귀를 기울이는 이유가 여기에 있다.

4.

메리 올리버, 위로와 용기를 전하다

미국 시인 메리 올리버 Mary Oliver 는 우리나라에서 유명한 시인이라고 하기 어렵다. 게다가 미국은 시를 포함한 고전예술의 나라라기보다 영화로 대표되는 대중문화의 나라다. 그럼에도 여기서 올리버를 소개하고 싶은 이유는 그의 시에 담겨 있는 매력에 있다. 올리버는 1935년 오하이오에서 태어나 시인이 됐고 평생을 시인으로 살았다.『뉴욕 타임스』에 따르면 올리버는 '미국 최고의 베스트셀러 시인'이다.

「기러기」의 위안과 치유

국내에 가장 널리 알려진 올리버의 시는 「기러기^{Wild Geese}」다. 이 시를 나는 10여 년 전 김연수의 소설 『네가 누구든 얼마나 외롭든』에서 만났다. 처음 읽었을 때부터 좋았다. 올리버의 시집 『꿈 작업』(1986)에 실려 있다는데 아쉽게도 당시 올리버의 작품은 어떤 것도 번역되지 않았다. 2013년 그의 산문과 시를 모은 『완벽한 날들』(마음산책)이 우리말로 나왔다. 「기러기」는 없었지만 그의 산문들도 좋았다. 「기러기」를 포함한 시선집 『기러기』(마음산책, 이하 시 인용은 이 시집을 따름)가 한국에 출간된 것은 2021년이다.

> 착하지 않아도 돼.
> 참회하며 드넓은 사막을
> 무릎으로 건너지 않아도 돼.
> 그저 너의 몸이라는 여린 동물이 사랑하는 걸 사랑하게 하면 돼.
> 너의 절망을 말해봐, 그럼 나의 절망도 말해주지.
> 그러는 사이에도 세상은 돌아가지.

「기러기」의 앞부분이다. 「기러기」는 많은 사람을 위로하고 치유한 시다. 미국에선 많은 대학 기숙사를 장식하고 있는 시라고 한다. 2009년 당시 미국 부통령이던 조 바이든이 9·11 테러 희생자 추모식에서 이 시를 낭송했다. 이 시가 안겨주는 위로와 치유 때문이지 않았을까.

　첫 구절인 "착하지 않아도 돼"부터 인상적이다. 이 구절에 위로를 받는 이는 더 좋은 사람이 되고 싶은데 그러지 못해 괴로워하는 사람일 것이다. 다음 구절인 "참회하며 드넓은 사막을 무릎으로 건너지 않아도 돼"에 위로를 받는 사람은 스스로를 학대할 정도로 엄격한 사람일 것이다.

　이들에게 올리버는 그저 '몸'이 사랑하는 걸 사랑하게 하라고 말한다. 몸이란 우리 인간에게 가장 일차적인 존재다. 몸과 마음이 있어 우리는 살아가는 것일 텐데, 몸은 그 마음이 거주하는 실체다. 마음의 자유도 중요하지만, 몸의 자유도 중요하다. 그런 몸이 원하는 대로 놓아두라는 올리버의 이야기가 매우 신선하다.

　그러고 나서 올리버는 우리 모두 각자의 절망이 있을 테니 그것을 나누자고 권유한다. 살아가며 하나의 절망도 마주치지 않는 사람이 있을까. 인간은 절망 앞에 평등하다. 그 절망을 나누는 것이 위로의 시작이지 않을까. 위로는 공감에서 출발한다. 그리고 이 공감은 즐거운 일보다 슬프고 아픈 일, 즉 절망에 더 필요한 법이다.

　올리버는 '그러는 사이에도' 세상은 진행된다고 말한다. 시를 보면, 태양과 비가 초원과 나무와 산과 강의 풍경을 지나간다. 기러기가 푸른 하늘을 높이 날아 집으로 돌아간다.

'그러는 사이'로 번역된 'meanwhile'이 이렇게 아름다운 단어인 줄 몰랐다. 한편에는 죄의식과 절망에 시달리는 인간이 있다. 다른 한편에는 태양과 산과 강과 하늘과 기러기가 있는 넓은 세상이 있다. 인간만의 좁은 세상이 아니다. '그러는 사이' 모두 제 갈 길을 가는 넓은 세상이다. 원래 자연이란 그렇게 자유롭게 존재하는 거다. 그게 야생의 세계다. 넓은 세상 위를 날아가는 야생의 기러기 시각에서 보면 인간의 죄의식과 절망은 아주 작아 보일 거다.

> 네가 누구든, 얼마나 외롭든
> 세상은 너의 상상에 맡겨져 있지,
> 저 기러기들처럼 거칠고 흥겨운 소리로 너에게 소리치지
> 세상 만물이 이룬 가족 안에 네가 있음을
> 거듭거듭 알려주지.

「기러기」의 마지막 부분이다. 세상은 '네가 누구든 얼마나 외롭든' 판단하고 자격을 묻지 않은 채 나의 상상에 스스로를 내어준다고 올리버는 노래한다. 그러니까 각각의 사정으로 괴로움에 빠진 인간이 고개를 들어 세상을 보면, 거기에는 각자의 야생의 풍경이 펼쳐 있다. 그 세상이 어떤 세상일지는 오로지 나에게 달려 있다는 말이다.

올리버는 이런 '세상 만물이 이룬 가족 안'에 나의 자리가

있음을 넌지시 일러준다. 나의 자리는 비록 작아 보일지라도 만물이 이룬 세계 안에 놓여 있다. 나 역시 세계가 이룬 가족의 한 구성원이다. 내가 누구든 얼마나 외롭든 말이다. 있는 그대로 세상 속에 놓인 자신을 선선히 받아들이는 것. 이것이 진짜 위안이지 않을까. 바로 여기서 치유가 시작된다.

자신을 구하기 위한 여행

올리버를 인터뷰한 언론인이자 작가인 마리아 슈라이버는 올리버의 시 가운데 『꿈 작업』에 실린 「여행The Journey」을 가장 좋아하는 시로 꼽았다. 슈라이버는 올리버에게 당신의 시들이 실제의 힘들었던 경험에서 나온 게 아니냐고 물었다. 올리버는 개인적 경험이 반영돼 있다고 답변했다.

어린 시절 올리버는 성적 학대를 받았다고 한다. 시 「분노Rage」에는 성적 학대의 경험이 담겨 있다. 시의 주인공이 어린 시인이라고 생각하면 눈물 나게 끔찍하다. 「여행」 역시 올리버의 개인적 체험과 겹쳐 읽힌다.

어느 날 마침내 당신은
무엇을 해야 할지 알게 되었고, 그걸 시작했지,
주위의 목소리들은
그릇된 조언을

외쳐댔지 –

집 안 전체가

흔들리기 시작하고

오랜 속박이

당신의 발목을 잡았지.

「여행」의 앞부분이다. 주위에선 '그릇된 조언'을 퍼붓고, '오랜 속박이 당신의 발목을' 잡았다. 그러나 당신은 무엇을 해야 할지 알았기 때문에 멈추지 않았다. 시의 내용은 계속 이어진다. 당신은 자신의 목소리를 깨닫고, 자신이 할 수 있는 유일한 일을 하고자 한다. 그것은 자신의 삶을 구하러 세상 속으로 들어가는 일이다.

여기에 앞서의 인터뷰를 덧붙여 읽으면 자신의 삶을 구한다는 일의 무게가 느껴진다. 올리버는 고등학교를 졸업한 다음 날 집을 떠났다고, 잠시라도 기다릴 수 없었다고 회고했다.

이 세상에서 많은 사람을 구하겠다는 것은 대단한 결심이다. 당연히 존경받을 일이다. 하지만 자신의 삶 하나를 구하는 것도 결코 쉬운 일이 아니다. 그게 자신이 할 수 있는 유일한 일이라 해도 그렇다. 떠나는 건 너무 나쁜 짓 아닐까. 때는 거친 밤이었다. 길은 험했다. 이미 너무 늦은 건 아닐까. 많은 생각과 근심이 몰려왔을 것이다.

그것이 자신의 목소리임을

서서히 깨닫게 된 당신,

그 목소리를 길동무 삼아,

자신이 할 수 있는 유일한 일을 하겠다는

결심으로,

자신이 구할 수 있는 유일한 삶을 구하겠다는

결심으로

세상 속으로

깊이 더 깊이 걸어 들어갔지.

「여행」의 마지막이다. 당신이 다른 이들의 목소리들을 뒤로하고 앞으로 나아가자 새로운 목소리가 들려왔다. 자신의 목소리였다. 자신의 목소리를 듣지 못했다면, 무엇을 해야 할지 알지 못했다면 당신은 자신을 구할 수 없었다. 세상으로 나아간 이가 메리 올리버라고 하면, 그는 자신이 구할 수 있는 유일한 삶을 구해냈다.

「여행」을 읽는 우리도 마찬가지다. 살아가면서 용기를 내야 할 때가 있다. 친숙한 것들을 떨치고 나가야 하는 건지 쉽게 확신이 들지 않는다. 그렇지만 그곳에서 자신의 삶이 제대로 펼쳐질 수 없다면 떠나야 한다. 나만이 내 삶을 구할 수 있다. 자신에게 맡겨진 책임이다. 이처럼 올리버는 시를 통해 삶에의 용기를 우리에게 건넨다. 시의 힘이자 문학의 힘이다.

메리 올리버   출처: maryoliver.beacon.org

새로운 눈으로 바라보는 삶

올리버 시의 매력은 자연을 통해 우리 삶을 돌아보게 한다는 데 있다. 우리 삶은 자연의 한 부분이다. 자연의 흐름과 삶의 흐름은 무관하지 않다. 아주 많이 닮아 있다.

> 그래도, 내가 삶에서 원하는 건
> 기꺼이
> 현혹되는 것 –
> 사실들의 무게를 벗어던지고
>
> 어쩌면
> 이 고난의 세상 조금 위에서
> 떠도는 것.
> (…)
> 불완전함들은 아무것도 아니라고 –
> 빛이 전부라고 – 빛은 피었다 지는 모든 결함 있는 꽃들의
> 합보다 크다고 믿고 싶어. 그리고 믿어.

시 「연못^{The Ponds}」의 한 구절이다. 시집 『빛의 집』(1990)에 수록되어 있다. 시의 처음은 해마다 수련들이 완벽하게 피는 연

못을 보여준다. '검은 연못 가득한 겹겹의 빛'은 믿을 수 없을 지경이다.

하지만 점차 진실이 드러난다. 자세히 들여다보니 완벽한 수련은 없다. 기울고 병에 걸리고 갉아 먹힌 수련들이 가득하다. 그럼 이제 더 이상 수련은 아름답지 않을까. 올리버는 기꺼이 현혹되겠다고 말한다. 사실에서 벗어나 이 고난의 세상 조금 위에서 떠돌겠다고. 불완전함보다는 자신이 본 빛을 믿겠다고.

우리 인간은 모두 완벽하지 않은 수련들이다. 위로와 치유가 필요한 것은 그래서다. 자연에 기댄 이런 비유는 공감을 불러일으킨다. 이 고난의 세상을 살아가며 모두들 상처를 지니게 된다. 땅에 바짝 엎드려 그 상처 하나하나를 낱낱이 관찰하면 우리는 불완전함밖에 만날 수가 없다.

올리버는 상처를 제외한, 아니 상처를 품어 안은 수련의 아름다움에 시선을 고정시킨다. 그 시선은 아름다움에 자발적으로 현혹되어 세상의 약간 위에서 바라본다. 바로 그럴 때 결함을 가진 꽃들 위에 아름다움은 빛으로 떠오른다. 지나간 상처를 없는 것으로 할 순 없다. 새로운 빛으로 아름다움을 밝히는 수밖에. 큰 상처일수록 더욱 더.

이것이 올리버가 일러준 상처에 갇히지 않는 방식이다. 상처 없는 사람이 어디 있을까. 올리버에게도 많은 상처들이 있었을 테고, 특히 어린 시절의 상처는 극복하기 힘들었을 것이다. 상처를 넘어서 아름다움을 밝히는 빛은 새로운 눈이다. 새로운 생활이기도 하다. 과거의 익숙한 자리를 떠나 새로운 눈을 뜨고 새로운 생활을 일구어갈 때 우리는 새로운 삶을 만날 수 있을 것이다.

스스로 선택한 삶이 최고의 삶

『완벽한 날들』에는 미국 시인 맥신 쿠민의 올리버에 대한 간략한 평이 실려 있다. 쿠민은 올리버가 '습지 순찰자'이며 '자연 세계에 대한 포기할 줄 모르는 안내자'라고 말한다.

올리버는 고향 오하이오에서 많은 시간을 숲에 들어가 지내며 시를 썼다. 자연 안에서 스스로의 회복을 도모하는 과정이었다. 자신을 위로하고 치유한 경험으로부터 올리버는 자신의 시를 읽는 사람을 치유할 지혜를 얻었을 것이다. 올리버는 1960년대 메사추세츠의 케이프코드만에 있는 소도시 프로빈스타운으로 이주했다. 날마다 숲과 해변을 산책했다. 그곳에서 올리버는 50년 동안 살았다. 그리고 2015년 플로리다로 이사를 했고, 2019년 83세로 세상을 떠났다.

이처럼 올리버의 삶은 소박했고 한갓졌다. 퓰리처상과 전미도서상을 받았고 베스트셀러 시인이었지만 유명인들의 떠들썩한 인생과는 거리가 있었다. 이 세상에 최고의 인생은 하나뿐일까. 올리버는 내게 그것이 여럿임을, 각자 다 다른 것임을 넌지시 일러준다. 내가 스스로 선택한 삶이 최고의 삶일 거다. 올리버의 시들은 바로 그런 깨달음과 확신을 안겨준다. 내게 그것은 소중한 위안을 선사한다.

5.

한나 아렌트, 소통하는 존재로서의 인간

지식인의 삶은 단조롭다. 폴리페서 또는 미디어페서의 경우는 화려하지만, 학문적 연구에 몰두할 경우는 건조한 삶을 반복하기 마련이다. 여성 학자의 경우는 더욱 그러하지 않을까.

여기 지난 20세기 대서양 이편과 저편을 넘나들며 드라마틱한 삶을 살아온 여성 지식인이자 학자가 있다. 한나 아렌트 Hannah Arendt다. 그가 목격했던 나치 전범 재판은 영화로도 만들어졌다. 2012년 토론토국제영화제를 통해 공개된 〈한나 아렌트〉다. 독일의 페미니즘 감독 마르가레테 폰 트로타가 연출을, 바르바라 주코바가 아렌트 역을 맡았다. 서양인들에게 홀로코스트(유대인 대학살)는 20세기의 가장 끔찍한 비극이었다. 아렌트는 나치즘으로 고난을 겪었다. 그리고 이 나치즘에 대한 깊이 있는 분석을 선보였고, 날카로운 비판을 내놓았다.

아렌트는 지적·대중적 명성을 누릴 삶의 조건들을 두루 갖추고 있었다. 그가 자유롭게 선택한 것들도 있지만 운명적으로 주어진 것들도 있다.

아렌트는 독일 출신의 유대인이다. 1933년 나치의 탄압으로 독일을 탈출해 1951년 미국 시민권을 획득할 때까지 18년간 국적 없는 생활을 했던 무국적자였다. 그리고 20세기 전반 세계 사상계를 주도했던 실존주의의 두 거목인 마르틴 하이데거와 카를 야스퍼스의 대표적인 제자였다. 무엇보다 그는 철저하게 남성 중심인 지식사회에서 당당하게 자신의 목소리를 낸 여성 철학자이자 정치학자이기도 하다.

무국적자로서의 삶

20세기에 널리 알려진 여성 사상가는 참 드물다. 여성이 사유의 역량에서 떨어진다고 생각하지 않는다. 그럼에도 오랜 세월 동안 여성은 공적 영역에서 독자적인 생각을 펼치는 활동에서 소외되어왔다. 여성 학자가 남성 중심의 학계에 진입하는 데 크고 작은 어려움이 존재했기 때문이다. 이런 상황에서 아렌트 같은 여성 학자의 성취는 학문에 뜻을 둔 다음 세대 여성들에게는 든든한 디딤돌을 놓아주는 셈이다.

아렌트의 삶과 사상을 살펴보는 데 유용한 두 권의 책이 있다. 하나는 제자인 엘리자베스 영-브륄Elizabeth Young-Bruehl의 『한나 아렌트 전기: 세계 사랑을 위하여』(인간사랑 2007)이고, 다른 하나는 아렌트 연구자인 나카마사 마사키仲正昌樹의 『왜 지금 한나 아렌트를 읽어야 하는가?』(갈라파고스 2015)다.

아렌트는 1906년 독일 린덴에서 태어났다. 아버지와 어머니는 사회민주주의자였다. 아렌트가 11세 때 아버지가 세상을 떠났지만 어머니는 아렌트의 성장에 적지 않은 영향을 미쳤다. 아렌트는 1923년 교사와의 마찰로 학교에서 퇴학당했다. 1924년 가정교사의 지도와 독학으로 대학 입학 자격을 얻고 마르부르크대학에서 마르틴 하이데거 강의에 참여했다. 아렌트를 늘 따라다니는 '하이데거의 연인'이었다는 이야기는 이 만남에서 시작됐다. 하이데거는 이미 결혼한 상태였으니 불륜의 사랑이었다.

아렌트는 하이데거와 헤어진 뒤 하이데거의 사상적 동료인 카를 야스퍼스에게 지도를 받았다. 1929년 '아우구스티누스에 나타난 사랑의 개념'으로 박사학위를 취득했고, 그해 유대인 철학자 귄터 슈테른과 결혼했다. 슈테른도 하이데거의 제자였다.

아렌트의 삶은 나치즘의 등장으로 격동을 맞이했다. 1933년 히틀러가 총리로 취임했고, 독일에서 반유대주의가 거세졌다. 아렌트는 학문과 저항을 병행했다. 특히 히틀러 정권에 맞선 좌파 인사들을 돕는 활동을 했는데, 그 거점으로 자신의 아파트를 사용했다. 아렌트는 시온주의 단체에서 위험한 요청을 받았다. 비정부 단체, 개인적인 모임, 경영 단체, 교수사회의 반유대적 행동에 관한 자료들을 모아달라는 것이었다. 결국 아렌트는 체포됐다.

아렌트는 8일 만에 풀려났지만 독일을 탈출해 남편 슈테른이 망명해 있던 파리로 향했다. 그리고 1934년 유대 난민의 팔레스타인 이주를 돕는 시온주의 단체에서 일을 시작했다. 1937년 아렌트는 슈테른과 이혼했고, 독일 시민권을 박탈당했다. 1940년 아렌트는 사회운동가 하인리히 블뤼허와 두 번째 결혼을 했지만, 두 사람은 프랑스 당국에 의해 독일 난민수용소로 보내졌다. 수용소에서 석방된 아렌트는 1941년 대서양을 건너 미국 뉴욕으로 향했다. 1943년 나치의 유대인 '인종 청소'를 목격했고, 그 충격으로 『전체주의의 기원』을 구상했다.

인간의 조건에 관한 탐구

20세기 서구사회에서 가장 큰 피해자라 할 수 있는 유대인의 정체성은 아렌트의 삶에 큰 영향을 미쳤다. 체포, 탈출, 난민수용소 체험 그리고 18년간 무국적의 삶이라는 고난이 이 영향을 압축한다. 아렌트가 1951년 발표한 『전체주의의 기원』(한길사 2006)은 아렌트의 이름을 서구 지식사회에 널리 알렸다. 아렌트가 이 책에서 다루는 반유대주의는 바로 자신의 문제였다.

『전체주의의 기원』은 '반유대주의', '제국주의', '전체주의'로 이뤄진 방대한 저작이다. 반유대주의가 제국주의를 거쳐 전체주의로 나아가는 과정을 분석한다.

먼저 아렌트는 반유대주의의 기원을 추적한다. 유럽 근대 국민국가는 탄생하면서 외부의 친근한 '적' 또는 내부에 섞여 있는 '적'으로 '유대인'을 지목했다. 유대인은 국민국가가 생겨나던 19세기 유럽에서 상당히 동화돼가는 중이었다. 이렇게 점차 눈에 띄지 않게 돼가던 유대인을 새삼스럽게 적대시했던 것은, '같음'을 추구하는 국민집단이 자기 주위에서 이질적인 존재를 찾아내어 그들을 적으로 만듦으로써 스스로의 결속력을 강화하려 했기 때문이었다.

아렌트는 전체주의에서 좌파와 우파의 구별이 없다는 점을 부각시킨다. 독일의 히틀러나 소련의 스탈린은 동일한 독재자다. 이러한 아렌트의 시각은 제2차 세계대전 이후 자유주의 진영과 사회주의 진영으로 나뉘어 체제 경쟁을 벌여온 냉전시대에서 이채로운, 그리고 선구적인 통찰이었다.

전체주의의 가장 무서운 점은 대중의 공허함을 파고들어 리더에 대한 복종을 유도한다는 것이다. 전체주의는 반유대주의와 같은 일관된 거짓말의 세계를 꾸며낸다. 뿌리 뽑힌 대중은 이 거짓말의 세계 속에서 고향과 같은 정신적 편안함을 느낄 수 있다. 그리하여 대중은 현실의 삶이 주는 끊임없는 불안을

한나 아렌트

피할 곳을 찾게 된다.

전체주의가 겨냥하는 것이 인간을 고립시켜 정치적 능력을 파괴하려는 데 있다는 아렌트의 주장은 의미심장하다. 여기서 정치적 능력이란 사적 차원을 넘어 공적 영역에서 자유롭게 활동할 수 있는 것을 의미한다. 우리 삶이 개인적인 것이자 사회적인 것이라는 견해는 인간에 대한 아렌트 철학의 특징이다.

우리 인간에게 최고의 활동은 생각하는 것이다. 이 사유를 제외하면 어떤 것들이 인간에게 중요한 걸까. 이에 대한 응답이 1958년 발표한 『인간의 조건』(한길사 1996, 이 글을 쓸 때는 영어본을 참조했음)에서 다뤄진다. 아렌트에 따르면, '활동적 삶^{vita} ^{activa}'을 이루는 인간의 3가지 근본 활동은 노동, 작업, 행위다. 노동은 개인으로서의, 종種으로서의 인간을 생존하게 한다. 작업은 덧없는 삶에 지속성과 영속성을 부여할 수 있는 수단이다. 행위는 타인과 소통하며 의미를 추구하는 활동이다.

아렌트가 우려한 것은 근대사회가 도래하면서 이 3요소의 관계가 변화했다는 점이다. 근대 자본주의가 등장하면서 노동이 다른 활동들을 압도하고, 사적 영역이 공적 영역을 지배하기 시작했다. 반면에 작업과 행위는 위축됐다. 영-브륄에 따르면, 아렌트는 『인간의 조건』이라는 책 제목을 '세계 사랑'으로 붙이고 싶어 했다. 세계 사랑이란 의미를 추구하는 인간의 존엄성과 그 안에 존재하는 공동선에 대한 태도를 말한다.

'운명을 사랑하라$^{Amor\ Fati}$'고 말한 이는 철학자 프리드리히

니체다. 아렌트에게 인간이 진정 사랑해야 할 것은 우리가 살아가는 이 세계다. 이 세계는 나와 사회의 상호작용을 통해 구성된 것이다. 따라서 자아에 대한 과도한 집착과 세계로부터 도피하려는 세계 소외는 모두 극복돼야 하는 것이다. '세계를 사랑하라$^{Amor\ Mundi}$'는 이러한 집착과 소외를 극복하려는 인간의 정신적 태도라 할 만하다. 이처럼 아렌트는 우리 인간 삶과 사유의 복합성을 넓고 깊게 이해하려고 했던 사상가다.

악의 평범성과 사유의 불능성

앞서 말했듯 아렌트는 18년간 국적 없는 채로 살았다. 개인적인 잘못은 없다. 태어나보니 유대인이었는데 이 때문에 혐오와 배척이 쏟아졌다. 나치는 수용소를 만들어 감금하고 체계적으로 유대인 집단 대학살을 자행했다. 이 미증유의 폭력과 폭력을 행사한 이들에게 분노하는 것은 자연스러운 일이다. 그런데 아렌트는 인간이 원래 그런 존재가 아니라는 생각을, 뭔가 잘못돼서 이런 상황이 펼쳐졌다는 생각을 품고 있었다.

아렌트를 대중적으로 가장 널리 알린 책은 1963년 출간된 『예루살렘의 아이히만』(한길사 2006)이다. 부제는 '악의 평범성에 대한 보고서'다. 아돌프 아이히만은 독일 친위대 중령으로 유대인 수용소의 이송 책임자였다. 전후 아르헨티나로 도망가 살다 1960년 이스라엘 비밀경찰에 잡혀 예루살렘에서 재판에 회부됐다. 아렌트는 아이히만의 재판이 열리자 잡지 『뉴요커』의 특파원을 자원해 이스라엘로 떠났다.

아이히만은 600만 명의 유대인을 학살한 홀로코스트에 책임이 있는 잔혹한 악마였다. 그런데 아렌트가 보는 아이히만은 따분한 인간이었다. 아렌트가 지적하려는 것은 아이히만에겐 양심 결여나 정치 성향을 넘어선 근본적인 문제가 있다는 점이다. 아렌트는 아이히만의 결정적인 성격 결함은 타인의 관점에서 바라볼 수 있는 능력이 없는 것이라고 주장한다. 이것이 말하는 것에서의 무능력함과 생각하는 것에서의 무능력함으로 나타났고, 따라서 그와는 어떤 소통도 불가능했다. 그는 자기가 무엇을 하고 있는지 결코 깨닫지 못했다고 아렌트는 강조한다.

이러한 관찰에서 아렌트가 이끌어낸 개념이 '악의 평범성'과 '사유의 불능성'이다. 사람들이 당연하게 생각하고 평범하게 행위하는 일이 때로는 악이 될 수 있다는 것이 악의 평범성이다. 생각하는 능력의 부재가 사유의 불능성이다. 아렌트에 따르면, 악은 국가에 순응하며 자신의 행동을 평범한 것이라고 여기는, 사유 능력이 부재한 사람들에 의해 자행될 수 있다는 것이다.

이러한 아렌트의 주장은 격렬한 논쟁을 불러일으켰다. 오늘날 광신자나 독재자만이 아니라 평범한 이들이 저지르는 악을 생각할 때 악의 평범성과 사유의 불능성은 인간에 대한 새로운 발견과 통찰을 안겨준다.

20세기 사상가이자 21세기 사상가

전체주의와 인간에 대한 탐구로 아렌트는 1960년대 이후 서구사회의 대표적인 지식인의 반열에 올랐다. 그 영향력에서 아렌트는 존 롤스, 미셸 푸코, 위르겐 하버마스에 필적하는 사상가로 평가되고 있다. 아렌트는 1975년 미국 뉴욕에서 세상을 떠났지만, 그가 남긴 철학적 사유는 21세기 현재에도 작지 않은 영향을 미치고 있다.

> 이 세계에서 살고 움직이며 행위를 하는 복수의 사람들은, 서로에게 그리고 자신에게 말을 걸어 소통할 수 있기 때문에 의미를 획득할 수 있다. 아렌트, *The Human Condition*, The University of Chicago Press, 4쪽

『인간의 조건』 서문에 나오는 말이다. 인간은 어떤 존재일까. 어떤 이는 이익을 모색하는 '경제적인 존재'로, 또 어떤 이는 즐거움을 추구하는 '놀이하는 존재'로, 다른 이는 권력을 희구하는 '정치적인 존재'로 인간을 바라본다. 아렌트가 전하려 했던 것은 우리 인간이 자신과 타인에게 말을 걸어 삶의 의미를 확인하려는 '소통하는 존재'라는 점이다. 위의 인용은 이러한 아렌트의 인간관을 잘 보여준다.

21세기란 어떤 시대일까. 불평등과 기후위기, 인공지능과 플랫폼이 이끌어가는 세기다. 이러한 대전환 속에서 우리 인간은 무엇보다 소통하는 존재다. 소셜미디어에 끝없이 이야기를 남기는 까닭도 기실 외로워서, 누군가에게 말을 걸고 싶어서일 거다. 아렌트가 꿈꾸었던 건 진정한 소통이 있는 삶이다. 소통을 통해 의미를 나누는 삶이다.

바로 이점에서 아렌트는 20세기 사상가이자 21세기 사상가다. 가지 않은 길을 당당하게 걸어갔던 아렌트를 따라, 더 많은 여성 사상가들이 나왔으면 좋겠다.

6.

에바 일루즈, 21세기 사랑의 사회학적 해석

이제까지 이 책에서 다뤘던 이들은 많이 알려진 인물들이었다. 이제 만나볼 사회학자 에바 일루즈^{Eva Illouz}는 널리 알려진 인물은 아니다. 일루즈 책을 읽은 게 몇 년이 되지 않으니 다시 만났다고 하기도 어렵다. 그럼에도 일루즈가 다루는 이슈는 쉽게 지나치기 어렵다. 바로 사랑이기 때문이다.

일루즈가 2011년 출간한 책의 제목은 『사랑은 왜 아픈가』(돌베개 2013)다. 연애지침서든가 실연을 달래주려는 책으로 생각하기 쉽다. 그런데 책의 내용을 보면 본격적인 연구서라 당황스럽다. '사랑의 사회학'이란 부제가 만만하게 보지 말라는 경고처럼 붙어 있다. 하지만 책을 읽어가노라면 왜 사랑의 아픔과 기쁨을 진지하게 다뤄야 하는지에 천천히 설득된다.

세상의 모든 이슈를 연구하는 게 사회학이라지만, 사랑의 인문학이라면 모를까 사랑의 사회학이란 말은 낯설다. 그런데 인간이 사회적 존재라는 사실을 돌이켜보면, 사랑의 사회학이란 말이 그럴싸하게 들린다. 사랑은 개인적 체험이지만 사회적 현상이기도 하다. 사랑이 혼자 하는 일이 아니니 사회적 배경을 고려할 수밖에 없다는 점에서 사랑의 사회학은 일단 말이 된다.

사랑의 사회학에서 사랑과 떼어낼 수 없는 것이 결혼이다. 결혼은 가족의 출발점이라는 점에서 중요한 사회적 계약이다. 최근 비혼이 크게 늘었지만 얼마 전까지만 하더라도 대다수는 결혼했다. 결혼을 위해서 사랑이 필요하고 이 사랑을 위해 연애 또는 중매 과정을 거쳤다. 중매가 젊은 이들에게는 낯설겠지만 요즘 자유로운 소개팅은 21세기형 중매라고 볼 수 있다.

문제는 어느 시대건 결코 사랑이 쉬운 일이 아니라는 점이다. 사랑을 위해 모든 것을 걸 필요는 없다. 그러나 사랑이라는 체험은 누구에게나 대단히 극적이고 깊은 영향을 미치기에 삶을 뒤흔들어놓는다. 요한 볼프강 폰 괴테의『젊은 베르테르의 슬픔』에서 볼 수 있듯 서양 근대 초기엔 사랑을 위해서 자신의 목숨을 걸기도 했고, 이런 사랑의 모습은 21세기 오늘날까지도 계속되고 있다.

현대적 사랑의 특징

'사랑' 하면 먼저 떠오르는 건 그 모순적 특징이다. 사랑은 변하는 것이자 변하지 않는다는 것 말이다. 개인적 차원뿐만 아니라 역사적 차원에서도 사랑은 변화해온 동시에 변화하지 않았다. 일루즈는 서양에서의 사랑의 역사와 변화를 주목한다.

일루즈에 따르면, 누군가를 사랑한다는 것은 누군가를 '선택'한다는 의미다. 서양 근대에서 결혼이란 많은 사람이 뒤얽히는 중대한 변화였다. 구애와 결혼 풍습은 근대라는 시대의 사회적 특성으로부터 큰 영향을 받았다. 사회적 신분, 종교적 성향, 경제적 지위가 배우자의 선택 기준이었다. 우리나라를 포함한 동아시아 사회에서도 이와 크게 다르지 않았다.

그런데 현대에 들어오면서 배우자를 선택하는 조건이 바뀌었다. 일루즈는 이를 선택의 '거대한 전환'이라고 말한다. 사랑에 앞서 거대한 전환을 보여준 것은 경제적 시장이었다. 현대자본주의 시장은 전통적인 규범을 벗어나 독자적인 자기규제라는 특성을 드러냈고, 이 자기규제 시장에서는 상품 자체의 경쟁력이 가장 중요한 기준이 됐다.

현대의 사랑 역시 마찬가지다. 개인의 사랑 신대은 도덕적인 전통 공동체에서 떨어져나와 자율적 규제 기능을 갖는 '결혼시장' 속에서 이뤄지고 있다. 이 결혼시장에서는 전통적인 규범이나 도덕이 힘을 잃고, 특히 대중매체가 막대한 영향력을 행사한다. 배우자를 고르는 데 우선하는 것은 감정과 성적 매력이고, 특히 섹시함이라는 경쟁력이 가장 중요해진다고 일루즈는 말한다.

근대 19세기 초반 『오만과 편견』을 발표한 제인 오스틴의 세계에서는 남자와 여자가 사회계급에 결부된 도덕을 바탕으로 '낭만적 선택 결정'을 했다. 그런데 현대 결혼시장에서는 전혀 다른 특성을 가진 거래가 이뤄지고 있다. 이제 어떤 사람을 만날지는 개인적 취향의 문제가 됐고, 외모나 섹시함을 수단으로 사회경제적 권력을 구매할 수 있게 됐다.

이쯤에서 보면 일루즈의 주장은 외모지상주의에 대한 사회학적 접근이라 할 수 있다. 이 책의 장점은 외모지상주의를 심도 있게 분석한다는 데 있다. 물론 일루즈가 주목하는 유럽과 미국식 사랑과 우리나라를 포함한 동아시아식 사랑 사이에서 관찰될 수 있는 공통점과 차이점을 염두에 둬야 하지만 말이다.

일루즈의 날카로움은 현대 사랑에서 남성과 여성이 처한 상황이 다르다는 분석에서 찾을 수 있다. 남성의 경우 두드러지는 점은 감정적 교류를 가능한 한 피하고 장기적 관계를 맺고자 하는 여성의 유혹을 거부한다는 것이다. 결혼으로 여자보다 남자가 얻는 이익이 많고, 결혼하지 않아도 만족스러운 삶을 살 수 있다는 대답이 남자보다 여자가 많음에도 불구하고 그렇다.

현대사회에서 남성과 여성이 놓인 자리는 적잖이 다르다.

현대 문화가 남성에게 심리적 자율성과 경제적 성공을 거두라고 압박을 가하는 동안 아이를 갖기를 원하는 역할은 여성의 몫으로 남겨졌다. 여기서 주목할 건 여성에게 가해진 시간의 압박이다. 교육과 직업 선택으로 인해 오늘날 여성들은 과거보다 더 늦게 결혼시장에 진입한다. 사랑의 선택에서 젊음과 섹시함을 일차적으로 중시하는 기준은 이런 여성의 제한된 시간을 더욱 압박한다. 게다가 임신가능성의 시한을 고려해야 한다는 점도 여성에게는 부담으로 작용한다.

일루즈가 강조하려는 것은 이러한 상황 변화에서 남성이 여성보다 더 많은 선택의 기회를 가진다는 사실이다. 나이 든 남성에게는 여전히 기회가 많고, 나이 들어가는 여성에게는 기회가 줄어든다. 이같은 일련의 과정이 낳은 결과, 여성의 감정 세계는 남성의 감정 세계에 지배당한다. 사랑의 자율성이 크게 높아진 현대사회의 이면에는 이러한 '감정의 불평등'과 이로 인한 '사랑의 불평등'이 존재한다.

인정으로서의 사랑

현대사회에서 사랑하기가 이렇게 복잡해졌는데도 일루즈는 사랑이 더욱 중요해졌다고 지적한다. 그것은 사랑에 빠지면 열등감을 떨쳐내고 자신이 유일하며 소중한 존재라고 느낄 수 있기 때문이다. 사랑이 만들어주는 자존감은 현대사회에서 특

출처: bozar.be

에바 일루즈

히 중요하다. 과거에는 사랑이 주는 자신감이 사회적으로 큰 의미가 없었던 데 비해 이제 사랑을 통한 자기 존재의 인정은 특별한 의미가 있다.

일루즈에 따르면, 현대에서 개인의 사회적 가치는 경제적 · 사회적 지위에 있다기보다는 오히려 자아로부터 길어 올려지는 그 무엇에 있다. 사랑이 제공하는 에로틱하거나 로맨틱한 관계는 이 자아의 자존감을 끌어올리는 데 결정적 도움이 된다. 다시 말해, 개인의 사회적 가치는 타고난 신분이나 획득된 지위 같은 게 아니라 사회적 상호작용으로서의 '인정'을 통해 주어진다. 로맨틱한 사랑은 이러한 인정에서 핵심을 이루고, '인정으로서의 사랑'을 통해 개인의 사회적 가치는 성장하고 성숙한다.

문제는 인정을 경험하는 게 쉽지 않다는 점이다. 한 사람을 평가할 때 애매한 주관적 기준이 중요해지고, 이러한 기준의 변화에 따라 개인은 자연 불안해진다. 자부심에 집착하는 자아의 강박관념은 불안감을 더욱 부추긴다. 사랑이 자신의 존재에 대한 인정을 경험하게 하는 것임에도 이처럼 오늘날 사랑은 더욱 불안해지고 불확실해지는 셈이다.

여기에 더해 사랑의 핵심을 이루는 인정이 한정상품처럼 거래될 수밖에 없는 현실은 사랑의 과정을 더욱 복잡하게 만든다. 예를 들어 연애에서 상대방을 인정하는 감정 표현을 자제하는 건 섣불리 상대를 인정했다가 자기 입장이 약해질지도 모른다는 두려움에 기인한다. 이처럼 오늘날 사랑에서는 자신의 자율성을 지키고 싶은 마음과 인정을 받고 싶은 마음이 충돌한다. 연인들은 자율과 인정을 협상해야 하는 관계에 놓이고 만다.

일루즈가 주목하려는 것은 이러한 협상 과정에서 남성과 여성의 권력이 동일하지 않다는 점이다. 사랑의 진행 과정에서 나타나는 게임 규칙을 정하는 존재가 대부분 남자이기 때문이다. 남자는 자율성을 더 오랫동안 누리기 때문에, 다시 말해 나이가 들어도 상품 가치가 유지되기 때문에 사랑받고 싶다는 여자의 욕구를 감정적으로 지배할 수 있다.

이러한 분석을 통해 일루즈는 '사랑은 왜 아픈가'라는 제목으로 다시 돌아온다. 여기서 아픔의 주체는 많은 경우 여성이다. 오늘날 사랑은 자기 자신을 인정받게 하는 그 무엇이다. 그런데 이 사랑의 과정에서 남성은 여성보다 더 많은 권력을 갖고, 여성은 남성보다 더 적은 기회를 가질 수밖에 없다. 사랑이 이미 자율적 영역이 된 만큼 사랑의 좌절은 오롯이 자신에게 귀속된다. 아프고 고통스러울 수밖에 없는 것이다.

서구 사랑과 동아시아 사랑

일루즈는 에필로그에서 이 책이 이러한 사랑의 아픔을 줄여주면 좋겠다는 희망을 피력한다. 사랑이 여전히 소중한 가치이기 때문이다. 살아가며 사랑만이 중요한 것은 아니다. 그러나 자아를 온전히 실현할 수 있게 하고, 상호인정이라는 소중한 체험을 가능하게 하며, 남자와 여자가 함께 살아갈 수 있게 하는 것은 사랑 말고는 없다.

일루즈에 따르면, 오늘날 개인의 삶은 아주 은밀한 구석까지 거대 사회구조와 변화로부터 큰 영향을 받는다. 사랑받지 못하거나, 버림받거나, 거리를 두는 상대의 태도로 인해 아파하는 것 같은 감정적 고통의 경험은 현대의 주요 제도와 가치가 빚어놓은 결과라는 것이다. 앞서 말했듯 현대사회에서 사랑은 자율적 영역이 됐고, 결혼시장은 남성과 여성 각각의 상품성을 극대화시켰다.

그럼에도 일루즈는 사랑의 희망을 포기하지 않는다. 오늘날 사랑의 중심을 이루는 육체적 사랑은 상대방의 존재와 감정을 존중해야 한다는 의무에서 떼어낼 수 없다. 윤리가 부재한 섹스로 인해 많은 남성과 여성이 환멸을 곱씹으며 지쳐 신음하고 있다. 이러한 현실에 맞서 일루즈는 사랑이 갖는 힘과 희망을 다시 한번 강조한다.

사랑은 자아를 떠받드는 중요한 사회적 토대의 히니다. 그러나 사랑을 자아의 토대로 만들어주던 문화자원들은 소진되고 말았다. 바로 그래서 우리는 섹스와 감정의 관계에서 그 어느 때보다 더 간절히 윤리를 필요로 하게 되었다. 이런 관계야말로 자아의 자존감과 가치를

키우는 데 결정적 역할을 맡기 때문이다. 『사랑은 왜 아픈가』, 475쪽

　사랑의 새로운 윤리가 어떠해야 하는지까지 일루즈는 구체적으로 말해주지 않는다. 그러나 '새로운 형식의 열정적 사랑' 찾기를 포기하지 않으려는 일루즈의 희망에는 동의할 수 있다. 까닭은 간단하다. 사랑 없는 삶보다는 사랑 있는 삶이 여전히 낫기 때문일 것이다.

　책을 덮으며 떠오른 생각은 두 가지다. 육체적 사랑을 지나치게 중시하는 서구 사랑의 문법이 동아시아에 사는 내게는 여전히 낯선 것이 그중 하나다. 내가 나이가 들어서일까, 아니면 육체적 사랑 못지않게 정신적 사랑을 여전히 중시하는 동아시아적 전통 때문일까. 쉰 살을 넘어 사랑 타령하는 게 좀 그렇지만 한 번쯤 진지하게 생각해볼 문제다.

　다른 하나는 사랑의 힘이다. 일루즈 사랑학의 핵심은 개인의 자존감과 가치를 키우는 데 사랑만 한 게 없다는 것이다. 사랑 지상주의는 21세기 오늘날의 현실을 지켜볼 때 철 지난 생각일 것이다. 그러나 사랑이 모든 건 아니더라도 삶을 정서적으로 풍부하게 해주는 것까지 부정할 필요는 없을 것이다. 사랑의 아름다운 힘은 존중하되 사랑의 지나친 구속을 벗어나는 지혜가 필요한 것은 아닐까. 사랑을 하려면 이 힘과 구속의 균형을 한 번쯤은 진지하게 고민해봐야 하지 않을까. 내 생각은 그렇다.

7.

노리나 허츠, 외로운 세기의 경제학적 분석

　나의 부모 세대만 해도 여학생은 사회과학보다 인문학의 선호가 두드러졌다. 우리 세대부터는 여학생들도 전공을 선택하는 데 인문학과 사회과학 간 선호의 차이가 사라지기 시작했다. 나의 경우 사회과학에서 인문학으로 전공을 바꿨지만, 여성 사회과학자들에 대한 관심은 작지 않았다.

　사회과학 분야에서 경제학은 여성의 진출이 상대적으로 적은 분야다. 여성이 노벨경제학상을 최초로 받은 것은 2009년이었다. 미국 경제학자 엘리노 오스트롬Elinor Ostrom이었다. 2019년 미국 경제학자 에스테르 뒤플로Esther Duflo가 그 뒤를 이었다. 노리나 허츠Noreena Hertz는 영국이 낳은 세계적인 경제학자다. 코로나19가 세계를 강타한 2020년 허츠가 발표한 『고립의 시대』(웅진지식하우스 2021)가 내 시선을 끈 배경이다.

외로운 세기의 초상

지금은 '외로운 세기'다. 하지만 그러지 않을 수 있다. 미래는 우리 손안에 있다. 『고립의 시대』 33쪽

허츠가 『고립의 시대』 제1장을 마무리하며 하는 말이다. 인간은 누구나 외로움을 겪는다. 감정과 생활을 공유할 상대가 없고 아무도 내게 관심이 없는 것 같을 때, 이 세상에 혼자 남겨진 것 같은 감정이 외로움이다.

외로움은 고통스러운 감정이다. 내가 뭔가 잘못 살아서 이렇게 외로운 건가 자괴감이 피어오른다. 나 때문만이 아니라 지금이라서 더 외롭다니까 이 세기를 살아가는 게 억울한 느낌마저 든다. 지난 20세기라고 해서 인간이 외로움을 느끼지 않은 건 아닐 텐데 허츠는 왜 이렇게 이야기하는 걸까.

허츠에 따르면, 외로움은 우리가 친밀하게 느껴야 하는 사람들과 단절된 기분이자 우리 자신과 단절된 느낌이다. 나아가 사회와 가족으로부터 제대로 지지받지 못하는 느낌일 뿐만 아니라 정치적으로나 경제적으로 배제된 느낌이다.

허츠는 21세기를 이렇게 외로운 세기로 만든 이념적 토대로

신자유주의를 주목한다. 신자유주의는 유난히 가혹한 형태의 자본주의다. 자립을 이상화하고, 작은 정부를 옹호하며, 이기심을 공공선보다 우선시하는 경쟁적인 사고방식을 키운다.

신자유주의가 외로움이라는 위기에 중요하게 영향을 미친 이유는 세 가지다. 첫째, 소득과 부의 불평등을 심화시켰다. 둘째, 많은 사람들은 정부가 시장에 속박되어 국민을 돌보거나 요구를 살피지 않는다고 여겼다. 아무도 우리를 돌보지 않고, 우리에게 아무 힘도 없다고 느낄 때 우리는 외로움을 느낀다. 셋째, 신자유주의는 초경쟁과 이기심 추구 같은 자질을 앞세워 우리가 서로를 보는 방식과 서로에게 갖는 의무를 바꿔놓았다.

문제는 외로움을 느낄 때 우리 몸은 공격받을 때와 같은 화학 반응을 일으킨다는 것이다. 외로운 몸에서는 스트레스에 대한 회복이 정상적으로 일어나지 않는다. 혈압, 콜레스테롤, 염증, 관상동맥질환, 뇌졸중, 치매, 조기 사망 같은 우리가 익히 아는 질병에 다 영향을 미친다.

공동체가 건강에 좋다는 증거도 있다. 예를 들어 미국의 소도시 로세토 주민들은 1950년대에 이웃 주민들보다 심장질환에 훨씬 덜 걸렸다. 65세 이상 남성 사망률은 미국 평균의 절반이었다. 연구자들은 이탈리아게 미국인으로 이뤄신 공농체의 지지와 가족의 유대를 그 원인으로 지목했다. 하지만 이 지역은 1960년대부터 가족과 공동체가 와해되면서 사망률이 평균치까지 증가했다.

정신의학 분야에서 외로움이 연구된 것은 10년 정도밖에 되지 않는다. 외로움이 정신적 고통의 원인인 건 알았지만 치료받을 일이라고는 생각하지 않았기 때문이다. 이제 외로움은 불안과 우울증 등 다수의 정신질환과 연관이 있는 것으로 확인되고 있다.

외로움은 타인의 고통에 대한 공감을 훼손한다. 외로운 사람은 타인의 고통을 마주쳤을 때 경계심이나 주의력에 관련된 뇌 부위가 활성화된다. 허츠는 '외로운 정신은 언제나 뱀을 본다'를 인용한다. 바닥에 떨어진 나뭇가지를 뱀으로 착각하듯, 외로운 사람은 타인의 고통에 빨리 반응하지만 주변에 위험한 것들이 있지 않을까 두리번거리며 살피게 된다. 불안하고 외로운 정신은 일단 자신을 보호하는 데 집중하기 때문이다.

외로움이 타인에 대한 적대감을 강화하는 사회에서 민주주의의 기반은 약화된다. 포퓰리즘은 바로 여기에 뿌리를 내린다. 21세기에 들어와 전 세계에서 사회·경제적으로 주변화되었다고 느끼는 사람들, 한때 지지했던 정당이 자신들에겐 관심을 두지 않는다고 느끼는 사람들이 극단주의 정당으로 몰려들고 있다.

21세기를 더욱 외로운 세기로 만드는 것은 정보사회의 영향이다. 휴대전화와 소셜미디어는 우리가 더 큰 사회의 일원이라고 느낄 만한 다양하고 일상적인 사회적 상호작용의 기회를 빼앗는다. 이런 상황은 대면 의사소통 능력을 감소시킨다.

흥미로운 것은 소셜미디어의 사용을 제한하면 외로움이 감소한다는 점이다. 한 연구에 따르면, 페이스북 계정을 비활성화한 집단은 전반적으로 인터넷을 덜 사용하고 친구나 가족을 직접 만나서 더 많은 시간을 보냈다. 그리고 행복감을 더 크게, 삶에 대한 만족을 더 크게, 불안감은 더 적게, 외로움은 통계적으로 유의미할 정도로 더 적게 느낀다고 응답했다.

소셜미디어의 부정적인 영향력은 집단적 웰빙에도 영향을 미친다. 소셜미디어가 우리가 살아가는 세계를 더 적대적으로, 덜 공감적으로, 덜 친절하게 느끼도록 만들기 때문이다. 소셜미디어는 학대·괴롭힘·인종차별 같은 인간 본성에 내재된 최악의 것들을 전염시키는 공간이 돼버렸다.

소셜미디어가 아이들의 외로움에 미치는 영향도 주목할 만하다. 소셜미디어를 통해 잘 지내는 친구들을 보면서 아이들은 외로움을 느낀다. 남들이 자신보다 더 인기가 있다는 부정적인 생각은 소셜미디어로 인해 더 악화된다. 또한 소셜미디어는 따돌림을 더욱 심화시킨다. 소셜미디어를 통해 따돌림을 당하는 걸 남들이 다 아는 것은 외로움을 배가시킨다.

외로움은 사생활에만 있지 않다. 일터도 우리를 외롭게 한다. 가림막이나 칸막이가 없는 오픈플랜식 사무실은 번잡한 도시와 다름없다. 소음으로 집중력은 떨어지고 프라이버시 부족은 개인을 위축시킨다. 같은 사무실에 있지만 몇 책상 건너에 있는 동료와도 이메일로 소통을 하는 게 현실이다.

일터 밖에서도 외롭기는 매한가지다. 일터 밖에서의 외로움은 너무 많은 시간을 일하는 데서 온다. 일터 밖에서도 일터로 접속 가능한 디지털 커뮤니케이션은 돌봄과 공동체를 위해 시간을 내는 것을 갈수록 어렵게 한다. 외로움은 이제 어디서나 만날 수 있는 존재다.

외로움에의 대응과 한계

이러한 허츠의 분석들을 보고 있노라면 더 외로워지는 것 말고 다른 미래가 있나 걱정스럽다. 허츠가 말하는 무한경쟁의 신자유주의를 내가 선택하고 말고 할 수 있는 게 아니라 더 그렇다.

허츠는 글래스턴베리나 코첼라 페스티벌같이 수십 만 명이 모여 며칠 동안 일시적인 공동체를 만드는 경험을 주목한다. 이러한 경험은 자신만의 '디지털 고치'를 부수고 나와 아날로그식 면대면 공동체를 모색하는 대항운동으로서의 의미를 가진다.

함께 모여 그림을 그리거나 수를 놓는 모임을 만드는 스타트업, 참가자들이 함께 문제를 해결해 잠긴 문을 열고 나가는 방탈출 업체, 요가나 줌바 같은 체력단련 단체 수업 기관들이 최근 성업 중이다. 이런 '외로움 경제'는 어딘가에 소속되고 싶은 사람들의 갈망에 대한 기업들의 대응이다.

기업들이 공동체 경험을 제공하는 게 새로운 일은 아니다.

노리나 허츠

지난 수 세기 동안 지역사업체가 마을 육성에 기여를 한 경우는 많았다. 하지만 21세기에는 사회구조를 지탱하고 공동체 건설에 이바지했던 지역 매장들이 점차 사라지고 있다.

이러한 흐름에서 샌프란시스코의 사례는 주목할 만하다. 샌프란시스코의 한 파이 카페 창업자들은 가치 중심의 소규모 사업장이 공동체와 환경 보전에 이바지할 수 있다는 신념으로 가게를 열었다. 사람들이 만나는 공간을 제공했고, 뜨개질 모임이나 파이 굽기 대회 같은 걸 개최했다. 전형적인 '제3의 공간'이었다.

이후 이 지역에서는 실리콘밸리의 영향 아래 젠트리피케이션이 일어났다. 임대료는 높아졌고, 과학기술 관련 기업들이 회사 내에 카페테리아를 제공하자 직원들은 사무실에 계속 머물렀다. 이어 배달앱의 시대가 도래하자 가게 주인들은 수수료를 감당해야 했고, 언택트 생활방식이 늘었다. 결국 카페는 폐업을 결정했다.

다른 상품화된 공동체들에 대해서도 기대와 우려는 공존한다. 다양한 상업적인 공동작업 공간이나 주거 공간들은 '함께'라는 의식과 소속감을 제공함으로써 위기 해소에 일정한 도움이 될 수 있다. 하지만 상업화된 공동체들은 충분한 비용을 내지 않으면 초대하지 않는다. 자본의 도움 없이 외로움을 벗어나기란 쉽지 않은 일이다.

외로운 세기를 건너가기

허츠의 결론은 그래도 우리가 무엇이라도 해야 한다는 것이다. 외로움이 그저 주관적인 마음의 상태가 아니라면, 개인과 사회 전체에 큰 타격을 입히는 것이라면, 매년 수백만의 죽음을 앞당기고 세계 경제에 큰 손해를 입히는 것이라면, 관용적이고 포용적인 민주주의에 큰 위협을 가하는 것이라면, 그냥 이대로 놓아둘 수는 없다.

『고립의 시대』의 매력은 이러한 21세기 외로움의 시대에 대한 해법을 제시한다는 데 있다. 먼저 허츠는 신자유주의적 자본주의의 변화를 촉구한다. 신자유주의적 자본주의는 관계를 거래로, 시민을 소비자로 만들었다. 소득과 부의 격차를 심화시키고, 그 과정에서 연대·공동체·공생·친절 등의 가치를 밀어냈다. 허츠는 여기에 돌봄과 온정을 끌어들여야 한다고 강조한다. 이때 정부와 기업은 여전히 중요하다. 돌봄과 온정을 활성화하는 과정에서 정부와 기업은 적극적인 역할을 떠맡아야 한다.

동시에 허츠는 개인의 몫을 가볍게 보지 않는다. 사회를 이루는 것은 개인이다. 따라서 우리가 덜 외롭고 서로 더 연결되려면 개인적 의무를 다해야 한다. 여기서 허츠는 마음가짐의 변화를 강조한다. 소비자에서 시민으로, 받는 사람에서 주는 사람으로, 관찰자에서 참여자로 배역을 바꾸고, 다른 사람의 말에 귀 기울이는 연습을 하고, 자신의 이익과 맞지 않아도 공동체에 가장 좋은 선택을 받아들여야 한다.

"외로우니까 사람이다"(「수선화에게」)라고 노래한 이는 시인 정호승이다. 인간은 본래 외로운 존재다. 그 외로움 속에서 인간적 성숙이 이뤄진다. 그러나 동시에 우리 인간은 다른 이들과 더불어 살아가는 존재다. "못난 놈들은 서로 얼굴만 봐도 흥겹다"(「파장」)라고 노래한 이는 시인 신경림이다. 더불어 살아가면서 삶의 의미를 깨닫는 존재가 바로 인간이다.

분명한 것은 우리 시대의 삶이 너무 외로움에 기울어져 있다는 점이다. 외로움을 이대로 놓아둘 순 없다. 실존적 차원에서 21세기의 과제는 '따로'의 삶이 아니라 '함께'의 삶을 부단히 연습하는 것 아닐까. 21세기가 시작된 지 어느덧 25년에 가까워지는 현재, 외로움의 사막을 건너가는 법을 배워야 하는 시점에 우리 인류는 도달해 있다.

허츠의 결론이 새로운 것은 아니다. 적지 않은 이들은 신자유주의가 강제하는 무한경쟁의 그늘을 경고했고, 이를 벗어나기 위한 정부, 시장, 개인의 역할을 강조해왔다. 허츠의 분석이 빛나는 것은 이 시대적 흐름 속에 놓인 외로움의 경제학을 발견하고 외로움의 정책학과 인간학을 모색하고 있다는 점이다.

내가 여성이기 때문에 허츠의 책이 눈에 더 띠었다는 사실을 굳이 감추고 싶지 않다. 마리 퀴리, 한나 아렌트, 제인 구달, 에바 일루즈, 그리고 허츠처럼 앞으로 더 많은 훌륭한 여성 사회과학자들과 자연과학자들이 나오길 기대한다.

마리안느와 마가렛, 지상에 내려온 천사들

나쁜 뉴스는 쉽게 사람들의 눈길을 끈다. 포털이 뜨거워지고 SNS가 시끄러워진다. 어떻게 그럴 수 있나 싶어 사람에 대한 믿음이 흔들리기도 한다. 다른 사람들은 어떻게 생각하나 궁금해 뉴스 댓글에라도 들어가면 적의가 난무한다. 나와 생각이 다른 사람만이 아니라 생각이 비슷한 사람들의 거친 글에도 마음이 상한다.

그렇다고 세상 소식에 귀를 닫고 사는 게 능사는 아니다. 세상이 점점 더 빠르게 변하기 때문이다. 세상이 내놓는 온갖 뉴스들로 내가 지금 어디에 살고 있는지를 가늠해가며 살아가야 한다. 뉴스를 피할 게 아니라 면역력을 키워야 할 테지만, 그게 쉽지는 않다.

그럴 때마다 흔들리는 마음을 잡아줄 선의에 대해 생각한다. 선의란 착하고 올바른 마음을 말한다. 인간이란 본래 선한 존재라는 믿음만큼 중요한 건 없지 않을까. 작가 성기영의 『소록도의 마리안느와 마가렛』(위즈덤하우스 2017)에 나오는 마리아네 슈퇴거Marianne Stöger와 마르가리타 피사레크Margaritha Pissarek의 이야기를 읽어보면 인간의 선의는 분명 이 세상에 있다.

소록도의 오스트리아인

성으로 부르는 게 예의 바른 호칭이지만 책에서 내내 마리아네 슈퇴거는 마리안느로, 마르가리타 피사레크는 마가렛으로 다정히 불리니까 그렇게 부르는 게 낫겠다. 마리안느와 마가렛은 1966년부터 2005년까지 40년 동안 소록도에서 한센병 환자들을 돌본 간호사들이다.

마리안느는 1934년 오스트리아에서 태어났다. 신앙심이 깊고 가족 간 우애가 좋은 농가에서 자랐다. 그런데 제2차 세계대전이 끝나기 한 달 전 마을이 공습을 당했다. 마리안느는 부상을 입었고 가족들은 피란을 떠나야 했다. 1947년 마리안느는 성당 주일미사에 참석해 필리핀에서 선교활동을 하던 한 신부의 강론을 들었다. 마리안느는 세상으로 나가 복음을 전하고 이웃 사랑을 실천하라는 신부의 말을 가슴에 새겼다.

마가렛은 1935년 폴란드에서 태어났다. 아버지는 오스트리아계 폴란드인으로 폴란드에서 병원을 운영하던 의사였다. 제2차 세계대전으로 소련군이 폴란드를 점령하자 집과 재산을 잃고 오스트리아로 이주했다. 마리안느의 집처럼 신앙심이 깊고 화목한 가정이었다. 마가렛은 14세에 '그리스도왕시녀회'에 입회했다. 일생을 독신과 청빈을 지키며 그리스도의 시녀로 살겠다는 평신도 여성들의 단체였다.

　　마리안느와 마가렛은 마가렛 아버지의 병원에서 처음 만났다. 마리안느는 초등학교를 졸업하고 여성 직업학교에 진학했고, 마가렛 아버지의 병원에 간호사 일을 도우러 왔다. 마가렛은 임시 직원으로 환자들을 돌보고 있었다. 두 사람 모두 신앙심이 깊었다. 헌신이나 희생 같은 이타적 가치들을 중시하는 점에서도 비슷했다. 두 사람은 1952년 인스브루크 간호학교에 같이 입학했다. 한 신부가 당시 벌어지고 있던 한국전쟁 이야기를 했다. 마리안느와 마가렛은 이때 한국이란 나라를 처음 알게 됐다.

　　하느님의 부름이었을까. 당시 경상북도 왜관 한센인 마을에서 봉사 중이던 오스트리아 사제가 고국에 간호사들의 지원을 요청했다. 마리안느와 마가렛은 간호학교를 졸업하고 각자 병원에서 일하고 있었다. 그리스도왕시녀회는 파견을 위해 마가렛에게 의향을 물었다. 마가렛은 다른 간호사들과 함께 자원했다. 그리스도왕시녀회에 속했던 마리안느도 지원했지만 약한 체력으로 허락받지 못했다. 마가렛은 프랑스에 있던, 당시 유럽에서 유일한 한센인 정착지에 가서 경험을 쌓았다.

마가렛은 1959년 한국에 왔다. 경상북도 왜관과 전라북도 전주 등의 한센인 정착촌에서 환자들을 돌봤다. 1961년에는 서울 혜화동에 있는 봉쇄수도원인 가르멜수녀원으로 들어갔다. 한편 마리안느는 소록도의 한센인 정착촌에서 간호사를 구한다는 소식에 다시 자원했다. 이번에는 받아들여져 1962년 한국에 오게 됐다. 오스트리아 가톨릭부인회 등의 도움으로 소록도에 세워진 영아원에서 아기들을 돌보기 시작했다.

마가렛은 1962년 건강이 나빠져 가르멜수녀원에서 나왔다. 소록도에서 열흘을 머문 다음 오스트리아로 떠났다. 마리안느도 1965년 국립소록도병원 조직 개편으로 오스트리아로 돌아갔다. 두 사람은 오스트리아에서 다시 만났다.

소록도를 통한 두 사람의 인연은 여기서 끝나지 않았다. 벨기에의 '다미안재단'은 한센병 구호단체였다. 다미안재단은 1966년 우리나라 보건사회부(현 보건복지부)와 협정을 체결하고 소록도 재원 환자들의 재활 수술 지원에 나섰다. 마리안느와 마가렛은 1966년 10월 다미안재단의 지원으로 인도의 한센병 치료 기관에서 6개월간 교육을 받고 국립소록도병원 간호사로 돌아왔다. 그리고 2005년 소록도를 떠나기까지 한센병 환자들을 돌봤다.

한 번도 와보지 않은 동아시아 가난한 나라에 있는 작은 섬.

그곳에는 사회로부터 버림받은 한센병 환자들이 모여 살고 있었다. 이들을 마리안느와 마가렛이 돌보았던 이유는, 이곳이 세상에서 가장 도움이 필요한 장소라는 것 말고는 없었다.

"우리, 제일 가난한 나라 도와주고 싶은 마음이 열네 살 때부터 있었어요." KBS 다큐멘터리 〈소록도 두 할매〉에서 마리안느는 이렇게 말한다. 성인이 된 후 거의 일생을 한센병 환자들을 돌보는 일에 헌신한 것은 14세 때 품은 그 마음이 얼마나 굳은 결심이었는지를 보여준다. 하느님의 부름이라 해도 선의가 없다면 불가능한 일이었다.

고마운 사람들

소록도는 전라남도 고흥군 도양읍에 있는 작은 섬이다. 여기에 한센인들이 수용된 건 일제강점기 때였다. 조선총독부는 이곳 원주민들의 가옥과 토지를 사들여 '나요양소'를 세웠고, 1916년 '자혜의원'을 개원했다. 이곳에 수용된 환자들은 단종수술을 당했고, 강제 노역을 해야 했다. 1942년에는 가혹 행위를 일삼던 원장이 원생에 의해 살해됐고, 1945년 광복 후에는 원생과 직원들의 대립으로 84명이 목숨을 잃는 참사가 일어났다. 한국전쟁 때는 인민군에 의해 주민들이 살해당하기도 했다.

마리안느와 마가렛이 왔던 때의 우리나라는 참 가난했다.

거기다 한센병 환자에 대한 사회적 혐오는 전염에 대한 두려움을 넘어선 것이었다. 한센병 환자에 대한 멸칭으로 '문둥이'란 말을 썼고, 이들에 대한 좋지 않은 소문이 공공연히 떠돌았다. 가정과 마을에서 쫓겨난 환자들이 소록도에 들어올 때도 일반인과 다른 항구를 이용해야 했다.

마리안느가 1962년 소록도에 왔을 때 환자들의 숫자는 6천 명에 달했다. 마리안느가 처음 맡은 일은 한센병 환자의 아기들을 돌보는 것이었다. 소록도에서 환자의 아기가 태어나면 5세까지는 부모가 키운 다음 미감아(아직 감염되지 않은 아이) 수용소로 보내졌다. 수용소로 보내기 전 부모와 함께 지내는 아기들이 병에 전염되지 않도록 보살피는 게 중요했다.

아기들을 돌보는 것은 상당히 고된 일이었다. 마리안느는 새벽부터 일어나 동료 간호사와 함께 아기들을 먹이고 씻기고 재웠고, 아픈 아기들을 치료해야 했다. 물자는 부족했다. 틈틈이 오스트리아에 의약품을 부탁하는 편지를 썼다. 세계 각지에서 의약품과 물품의 기부가 이어졌다.

이 과정에서 큰 도움을 준 곳이 오스트리아 가톨릭부인회였다. 이들은 1958년부터 수십 년간 우리나라의 교육·양로·고아·의료사업에 96억 원을 지원했다. 회비로 기금을 모았을 뿐만 아니라, 1년에 한 번 '재의수요일'에 오스트리아 전국에서 가족 단위의 자선 수프 행사를 열었다. 사람들은 이 수프를 먹고 하루 동안 단식이나 절식을 해 돈을 모았다.

가톨릭부인회는 1973년 소록도에 정신병동을 건립하는 데도 지원했다. 마리안느와 마가렛이 추진한 사업 중 하나였다. 가난하고 병든 사람들은 마음까지 아픈 경우가 많았다. 사회의 냉대는 환자들에게 또 다른 상처였다. 오랜 노력으로 병이 완치되어 퇴원한 환자들이 마음의 상처를 입고 다시 돌아오는 경우도 있었다.

마리안느와 마가렛의 가족도 고마운 사람들이었다. 환자들에게 의약품만이 아니라 먹을 것과 입을 것을 정성껏 보냈다. 예를 들면, 오스트리아에 있는 마가렛 어머니는 아들이 운영하는 병원 대기실에서 여성들이 진료를 기다리며 구비해놓은 뜨개실과 바늘로 만든 담요를 보내주기도 했다. 이처럼 돈으로 환산할 수 없는 정성이 모여 소록도로 전해졌다.

한 사람의 선의는 다른 사람들의 선의를 부른다. 이렇게 모인 선의는 우리가 살아가는 세상에 온기를 불어넣는다. 세상이 여전히 살 만한 곳이라면, 이런 선의들이 있기 때문일 거다.

선의의 증거

한센병은 환자가 견디기 힘든 병이다. 피부에 크고 작은 실환이 생기고, 신경계 합병증으로 사지 무감각이 나타나 이로 인한 지속적 외상으로 말단 부위가 떨어져 나가기도 한다. 온몸에 물집이 생겨 터지고 상처에서는 피고름이 흐른다. 염증

출처: 국립소록도병원

마리아네 슈퇴거(왼쪽)와 마르가리타 피사레크

이 심하면 절단 수술을 받아야 한다. 상처를 돌보는 게 무척 어려운 병이다.

소록도 한센병 환자들이 감동한 것은 간호사들이 자신들을 대하는 태도였다. 다미안재단에서 파견된 간호사들은 아무렇지도 않게 맨손으로 환자들의 상처를 어루만졌다. 간호사들은 맨손으로 직접 피고름을 짜내고 약을 발랐으며, 처참한 상태의 다리를 자신의 앞치마에 올려놓고 정성껏 치료했다.

성기영이 말하길, 한센병 환자들은 타인의 눈빛에서 늘 어두운 그림자를 본다. 환자들이 소록도에 오기까지 경험했던 건 자신들을 바라보는 공포의 눈빛이었다. 사람들은 환자들로부터 병이 옮을까봐 꺼렸고, 환자들이 근처에 사는 것도 꺼렸다. 모든 것으로부터 추방된 환자들은 깊은 마음의 상처를 갖고 소록도로 쫓기듯 들어왔다. 간호사들은 육체적 노고만이 아니라 따뜻한 마음과 손길로 이런 환자들을 치료했다.

"아무튼 일을 못하니까, 20리터 무거운 주전자를 들고 6층까지 올라가는 거 힘들었어요."

다큐멘터리 〈소록도 두 할매〉에서 왜 오스트리아로 돌아갔느냐는 질문에 대한 마리안느의 담담한 답변이었다. 오스트리아로 돌아가기 전까지, 마리안느는 72세, 마가렛은 71세까지 종일 환자들을 돌보았다. 두 사람은 새벽 5시에 일어나 5시 30분이면 병원에 도착했다. 그리고 환자들을 위해 물을 끓이거나 우유를 갖다 주었다. 오전 8시 미사를 끝낸 후 9시부터는 치

료실 문을 열고 환자를 돌보기 시작했다. 오후 9시나 10시가
돼서야 잠자리에 들었다.

마리안느와 마가렛은 2005년 편지 한 장을 남기고 소록도를
떠났다. 평생을 소록도에서 환자들을 돌보며 살았던 터라 고
향이라고 노후 준비가 돼 있는 건 아니었다. 두 사람은 오스트
리아 정부가 주는 연금으로 생활하면서도 틈틈이 주변의 노인
들을 돌보는 봉사를 이어갔다.

마리안느와 마가렛의 봉사에 대해 감사를 표한 일은 많았
다. 보건사회부와 대한간호협회 등이 감사패를, 우리 정부가
국민훈장 모란장과 국민포장國民褒章을, 오스트리아 정부가 훈
장을, 호암재단이 사회봉사상을 수여했다. 2016년에는 대한민
국 명예국민증을 받았다. 마리안느와 마가렛은 적지 않은 상
을 거절했고, 시상식에 참여하는 것도 꺼렸다.

〈소록도 두 할매〉에서 마리안느는 그냥 기쁘게 간호사로서
일한 게 끝났다고, 우리는 그렇게 특별한 거 없었고 43년 일하
는 동안 기쁘게 감사를 다 받았다고 말한다. 남들에게 보여주
려고 봉사의 삶을 산 게 아니다. 어려운 이웃을 돕고 싶다는 처
음의 마음 그대로 평생을 살아온 게 자신들에게 기쁨이었다고
마리안느는 이야기한다.

내가 마리안느와 마가렛을 다시 만나려 한 것은 마가렛에
관한 뉴스 때문이었다. 그는 2023년 9월 29일 고국 오스트리아
에서 선종했다. 마지막으로 자신의 시신을 오스트리아 의과대

학에 기증하며 마가렛은 봉사와 기쁨의 삶을 마무리했다. 뭉클했다.

　'사랑은 자신의 유익을 구하지 않는다'고 말한 이는 바울 사도다. 『신약성경』의 「고린도전서」에 나오는 말이다. 유익을 구하지 않는, 대가를 바라지 않는 사랑이 바로 선의일 것이다. 평생 다른 사람들에게 베푼 선의가 자신에게도 기쁨이었다는 마리안느의 말은 나를 숙연하게 하는 동시에 내게 위안을 안겨준다. 때때로 세상의 풍파에 흔들리는 내 마음의 중심을 잡아준다.

9.

박래현, 한국 미술의 삼중통역자

무언가를 이고 든 4명의 여자가 한 방향을 보며 걸어가고 있다. 이른 아침, 물건을 팔러 어디 시장에라도 가는 것 같다. 한 여자는 닭을 안고, 한 여자는 등에 아이를 업은 채 다른 아이의 팔을 잡고, 한 여자는 계란 꾸러미를 들고 있다. 한 걸음 뒤처져 보따리를 인 다른 여자가 따라가고 있다.

화가 박래현이 1956년에 발표한 「이른 아침」이다. 한국전쟁 직후 고단한 삶을 담고 있다. 그런데 작품의 분위기가 어둡지 않고 뭔가 정겨움이 느껴진다. 전통적이면서도 새로운 감각을 표현한 그림이다. 크기가 253x194cm이니 전시장에서 봤다면 압도됐을 것이다. 오래전 작은 도판으로 봤던 기억이 남아 있다.

이 외에도 「노점」 「달밤」 「노」 같은 작품을 어디선가 봤다. 당시엔 화가의 삶에 대해 관심을 가지지는 않았다. 박래현을 다시 주목하게 된 것은 그의 배우자가 김기창인 걸 알고 생긴 호기심 때문이었다. 운보 김기창이라면 워낙 유명한 화가 아닌가. 민화에서 영향을 받았다는 '바보산수'가 강렬했다. 어려서 장티푸스를 앓은 뒤 청각장애를 갖게 됐다는 사연과 그런 역경을 뚫고 이루어낸 독보적인 세계가 인상적이었다. 『친일인명사전』에 오를 만큼 김기창의 뚜렷한 친일 행적 또한 널리 알려져 있다.

삼중통역자, 박래현

2020년 작가 탄생 100주년 기념으로 국립현대미술관이 '박래현, 삼중통역자'란 전시회를 열었다. 뒤늦게 같은 제목으로 국립현대미술관이 펴낸 화집 『박래현, 삼중통역자』를 구해 작품들을 봤다. 기억에 남아 있는 그림 말고도 다른 많은 작품들이 있었다. 다양하면서도 인상적이었다. 한 사람의 창작물이라는 게 믿기지 않을 정도로 여러 화풍을 담은 작품들이 공존했다.

화집에 실린 글들도 좋았다. 박래현의 작업을 시대 풍경이나 미술사의 맥락 속에서 살펴본 해설들을 읽으니 작품 안에 담긴 의미가 풍부하게 드러났다. 박래현의 삶과 예술을 이해하는 데 훌륭한 길잡이가 됐다.

박래현은 1920년 평안남도 진남포에서 출생했다. 부유한 집에서 태어나 사범학교에서 공부하고 2년간 교사로 일했다. 1940년 화가의 꿈을 품고 일본 도쿄에 있는 도쿄여자미술전문학교에 입학했다. 1943년 「단장」이란 작품으로 제22회 조선미술전람회에서 총독상을 수상했다. 이 작품은 까만 기모노를 입은 소녀가 빨간 경대 앞에서 단장을 하고 있는 사실주의 화풍의 그림이었다.

『박래현, 삼중통역자』에서 먼저 눈에 띈 글은 미술사학자 강민기의 것이다. 그는 인물화를 중심으로 박래현 그림의 궤적을 돌아본다. 박래현은 기존의 도회적 인물화풍에서 벗어나 1950년대에는 서양 입체파를 접목시켜 동양화의 현대화를 시도했다.

1946년 '최초의 규수 화가 개인전'을 열었을 때만 해도 박래현은 일본화의 영향을 보인다는 비판을 받았다. 그런데 1956년 대한민국미술전람회에서 대통령상을 받은 「노점」과 대한미협전에서 대통령상을 받은 「이른 아침」 같은 작품에 이르면 피카소와 브라크가 이끌었던 입체파적 화풍으로 나아갔다. 이후 박래현의 인물화는 번지기나 점묘 같은 새로운 기법을 도입한 반추상화 경향을 보였다.

뿌리가 있는 코즈모폴리터니즘

『박래현, 삼중통역자』의 또 다른 필자인 미술사학자 김경연은 박래현의 코즈모폴리턴적 성향을 주목한다. 박래현은 일제강점기에 일본 유학을 한 동양화가였다. 광복 직후에는 미국 유학을 계획할 정도로 세계 미술에 대한 동경을 갖고 있었다. 박래현·김기창 부부는 동양화의 현대화 및 세계화를 부단히 추구했다. 결혼 후 박래현은 김기창과 같이 국내외에서, 특히 미국에서 부부 전시회를 적잖이 열었다. 서양 미술계에서 인정받고 싶었던 열망이 반영된 거였다.

이와 연관해 주목할 점은 이 부부의 해외여행이었다. 두 사람은 1965년 미국의 미술관과 아메리칸 원주민 유적을 탐방한 다음 프랑스, 이탈리아, 이집트, 인도, 태국을 방문했다. 귀국 후 부부는 기행문을 쓰고 여행 체험을 담은 작품들을 발표했다. 여기에는 미국 원주민 유적과 공예품은 물론 이집트, 인도, 태국 등의 고대문명과 문화유산에 관한 관심이 담겨 있었다.

박래현은 고대문명 유산을 간직한 지역을 하나의 문화권역으로 바라봤고, 이에 동질감을 느꼈다. 예를 들어, 미국 뉴멕시코주 푸에블로족 지역에 갔을 때는 우리나라 시골을 찾아간 듯한 친근함을, 이들의 동양적 모습이 마음속에 오래 간직되는 공감을 표현했다.

박래현의 관심은 전통 회화에 머물지 않았다. 예술은 본디 마음의 휴식처를 제공하고 주변 환경을 좀 더 아름답게 발전시킬 수 있어야 한다며 장식미술과 생활미술 또한 높이 평가했다. 그래서 중남미의 토기, 아메리카 원주민의 편물, 중국 고대 청동기의 문양을 우리의 백자, 토기, 소반, 맷방석, 떡살과 같은 아름다움으로 바라봤다. 이런 박래현의 태도를 김경연은 '뿌리가 있는 코즈모폴리터니즘'으로 이름 붙였다.

김경연의 해석은 『박래현, 삼중통역자』 표지인 「작품」을 좀 더 깊이 이해할 수 있게 한다. 「작품」은 '맷방석 시리즈' 혹은 '엽전 시리즈'로 알려진 추상화 중 하나다. 황토색 줄들이 겹겹이 직선 또는 곡선으로 쌓여 있는 것이 마치 추상무늬가 담긴 다른 나라 원주민의 편물을 보는 것 같기도 하고, 우리나라의 전통 맷방석을 보는 것 같기도 하다. 친근한 문양을 반복한 것이 복고적이고 회고적이라기보다 창의성과 생동감을 느끼게 한다.

그런데 삼중통역자란 어떤 의미일까. 책을 기획한 김예진 학예연구사에 따르면, 그것은 김기창을 위한 통역, 실험미술가로서의 통역, 한국의 민족성을 예술의 현대성 및 국제성과 매개하는 통역을 뜻한다.

구체적으로, 김기창을 위한 통역은 그에게 입 모양으로 의미를 전달하는 구어口語 통역만이 아니라 새로운 미술을 전달하는 통역이다. 실험미술가로서의 통역은 동양화 재료, 추상화 양식, 판화 기법을 매개하는 통역이다. 세 번째 통역은 앞의 코즈모폴리턴적 면모에서 설명된 대로 한국적인 것을 다른 문화와 연결 짓고 다시 현대 추상화로 옮겨놓은 통역이다.

삼중통역자는 원래 박래현이 스스로를 칭한 말이다. 박래현은 미국을 여행하면서 영어를 듣고 우리말로 번역한 뒤 이를 다시 구어로 옮겨 청각장애인 남편 김기창에게 설명했다. 그러니까 영어, 한국어, 구어를 오가며 언어를 통역했다는 의미다. 미국 여행에 동행했던 시인 모윤숙은 온몸을 움직여 대화하는 박래현의 행동을 무용가에 비유하기도 했다.

예술과 가정의 공존

> 아침 6시쯤 일어나 기저귀 빨기, 밥 짓기, 청소하기, 아침 식사가 끝나면 이것저것 치우고, 닭의 치다꺼리, 아기 보기, 정오면 점심 먹고, 손이 오면 몇 시간 허비하고, 저녁 먹고 곤해서 좀 쉬는 동안에 잠이 들면 자. 그러면 본업인 그림은 언제나 그리나.

박래현이 1948년 8월 잡지 『민성』에 쓴 「결혼과 생활」에 나오는 구절이다. 국립현대미술관 홈페이지의 박래현 탄생 100주년 기념 전시회를 소개하는 글에 실려 있다. 1947년 결혼 후 장녀가 태어난 지 1년 뒤의 글이었다. 가사노동은 고되고 여유 시간을 허락하지 않는다. 거기다 그림까지 그려야 하니 일상은 빠듯하기만 하다. 지금 읽어봐도 일과 가정 사이에서 동동

거리는 마음이 전해온다.

박래현의 삶을 상세히 전하는 것은 김예진의 글이다. 박래현은 밝고 사교적인 성품으로 손님맞이와 요리하기를 즐겼다고 한다. 아이들의 옷을 만들어 입히는 소박하고 알뜰한 주부였다. 박래현의 막내딸은 엄마가 그림을 그리다가도 언제든 반갑게 맞아주었다고 회상했다. 광복 직후와 산업화 시대에 요구됐을 '여류화가'의 또 하나의 일상이었다.

박래현의 이런 모습은 그 시절 유명했던 것으로 보인다. 1974년 박래현은 대한주부클럽연합회로부터 신사임당상을 수상했다. '남편의 말문을 연 사랑과 예술이 인간 승리의 기록'이란 수상 소감을 남겼다고 하니 장애를 가진 남편을 돌보고 1남 3녀를 키워냈던 것에 대한 수상이 아니었을까.

삼중통역자란 삶의 고단함이 묻어 있는 말이다. 살림을 하고 아이를 키우고 그림을 그리고, 게다가 남편과 구어로 무용가처럼 춤을 추듯 대화를 했다니 슈퍼우먼이었던 게 분명하다. 하지만 말이 슈퍼우먼이지 그 이면에는 감당하기 힘든 삶의 무거움이 있었을 거였다.

> 시달릴 대로 시달린 인간들의 마음을 부드럽게 어루만져줄 수 있는
> 손길이 항상 가정에 있기를 원하는 마음은 누구나가 바라는 것이다.
> 예술이 우리 마음속에 줄 수 있는 것은 오직 이 역할을 다할 수 있는
> 분위기를 만들어주는 일이다. 『박래현, 삼중통역자』 93쪽

박래현

박래현이 1959년에 쓴 에세이 「가정에 있어서의 예술의 위치」에 나오는 말이다. 박래현이 전하려는 예술의 역할은 생활에 시달린 우리 마음을 어루만지고 따듯하게 하는 것이었다.

　이런 박래현의 견해가 본인이 원래부터 가졌던 예술에 대한 생각인지 아니면 자신을 둘러싼 조건과 타협한 결과인지 궁금하다. 박래현은 본업에도 뚜렷한 성취를 이룬 동시에 훌륭한 가정을 꾸려냈다. 만약 가정을 조금 등한시하고 본업에 더욱 몰두할 수 있었다면 더 큰 성취를 이루었을까.

　박래현이 대단한 사람이라 그렇지 보통 사람들에게는 사회생활과 가정생활 둘 다 잘 꾸려가는 게 결코 쉽지 않은 일이다. 많은 경우 사회와 가정 중 하나에 주력하고, 나머지는 소홀하게 된다. 특히 살림과 육아를 여자의 몫이라 생각하는 사회에서 일 중심이냐, 가정 중심이냐, 아니면 둘 사이 타협이냐의 선택은 여성에게 매우 중요한 문제다. 박래현은 타협을 선택했지만 그 둘 모두의 최선을 추구했다.

　박래현의 독특한 작품 세계는 바로 이런 맥락에서 이해될 수 있다. 그는 예술을 전문가들만이 향유하는 것으로 보지 않았다. 그의 작품들은 실생활의 감각을 미술 세계 안으로 끌어들여 독창적인 미감을 창조했다. 그의 독창성이란 이중적이다. 서양적 미술과 동양적 미술의 공존이 그 하나라면, 일과 가정의 공존이 다른 하나이지 않았을까.

　생각해보면 예술과 일상의 거리는 멀지 않다. 밥 짓고 빨래하고 아이를 돌보는 일상은 예술의 한 원천일 수 있다. 박래현은 이를 실천한 드문 미술가였다. 21세기적 시각에서 보면 이런 박래현의 삶과 예술은 공감과 거리감을 동시에 느끼게 한다. 일과 가정을 공존시키려는 박래현의 삶이 공감을 안겨준다면, 바로 그 삶을 위한 초인적 노력은 다소의 거리감을 불러일으킨다는 게 솔직한 내 심경이다.

다시 만난 박래현

박래현이 완전한 자유를 얻은 것은 미국 유학에서였다. 1969년 박래현은 쉰 살을 맞아 미국 뉴욕 프랫 그래픽 아트 센터에서 판화 공부를 시작했다. 남편은 혼자 귀국했고 큰딸과 함께 남았다. 이때부터 박래현 삶의 무게중심은 미술에만 맞춰졌다. 당시 박래현이 주력했던 작업은 추상 판화였다.

그런데 그에게 비극이 닥쳤다. 1975년 7월 암이 발견됐다. 김기창은 박래현을 한국으로 데리고 왔다. 그리고 박래현은 1976년 1월 56세로 서울 성북동 자택에서 세상을 떠났다. 너무 일렀다. 평생 끝없는 변화를 추구해온 박래현의 미술 세계는 돌연 이렇게 마감됐다. 짧았던 자유의 시산이 안타깝기만 하다.

박래현의 작품에서 내게 인상적인 것 중 하나는 「자매」(1956)다. 종이에 채색한 작품이다. 한복을 입은 자매가 어깨동무를 하고 있다. 언니는 무덤덤하게 동생 쪽을 바라보고 동생은 엷은 웃음을 짓고 있다. 아이들에 대한 엄마로서의 박래현의 깊은 사랑을 느끼게 한다.

21세기 현재의 관점에서 일과 가정을 공존시키려는 박래현의 노력은 여성에게 무거운 짐으로 다가온다. 하지만 이 작품을 보면 마음이 애틋해지고 따뜻해진다. 박래현보다 50년 후에 태어난 나는 20세기적 여성일까, 아니면 21세기적 여성일까. 박래현의 삶과 예술은 나이 쉰을 넘긴 내게 이런 질문을 던진다. 그를 다시 만난 충분한 이유가 됐다.

3부

삶을
　　　사랑한
여성들

1.

제인 에어, 나는 나 자신을 사랑해

제가 가난하기 때문에 영혼도, 마음도 없다고 생각해요? 잘못 생각
하셨어요! 저도 당신만큼 영혼을 가지고 있고, 당신만큼 풍부한 가슴
을 지니고 있어요! 샬럿 브론테, 『제인 에어』 하권, 열린책들 2011, 409쪽

영국 작가 샬럿 브론테 Charlotte Bronte 가 1847년에 발표한 『제
인 에어』다. 제인 에어는 때때로 주인이라고 부르는 에드워드
로체스터에게 이렇게 말한다. 에어는 자신이 주인, 다시 말해
남성과 동등한 사람임을 선언한다.

현재의 시점에서 보면 그의 외침은 당연한 말이다. 하지만 소
설이 나온 19세기의 시점에서 보면 영국은 남성과 여성이 경제

적으로나 정치적으로 평등한 사회가 아니었다. 영국에서 기혼 여성은 1870년에 재산권을 가질 수 있었고, 성인 여성은 1918년에야 선거권을 획득했다. 『제인 에어』에서 가난과 평등을 먼저 떠올린 것은 여성으로서의 에어가 놓인 사회적 자리 때문이다.

『제인 에어』는 서구 근대의 대표적인 연애소설이라 할 만하다. 연애소설이라면 소설 속 사랑이 얼마나 특별한 것인지를 증명해내야 한다. 사랑의 숭고함은 장애물이 얼마나 대단하냐로 판별되는데, 주인공들 사이에는 사회적 금기, 신분제, 빈부격차 같은 문제가 가로놓여 있다.

남자 주인공 로체스터가 유럽 곳곳에 저택을 소유한 부자인 반면 에어는 고아다. 에어는 외숙모의 손에 자라다 고아원과 다름없는 학교에서 학생과 교사로 지냈다. 이후 로체스터 정부^{情婦}였던 여자의 딸 아델의 가정교사로 일하게 됐다. 앞서 인용한 당당한 자기 선언은 로체스터를 사랑했지만 그가 다른 사람과 결혼할 것 같아 막 떠나려고 결심한 참에 한 발언이다. 두 주인공 사이에 놓인 장애물은 신분과 빈부격차다.

사랑의 여성, 제인 에어

오랫동안 『제인 에어』를 고전적인 연애소설로만 기억했다. 나이가 들다보니 연애 세포가 쇠약해져 사랑에 대한 감정이 메말라버린 걸까. 두 번째 읽은 『제인 에어』에서 먼저 눈에 걸린 건 가난이었다. 아무 데도 의지할 곳 없는 고아인 에어의 삶은 비참했다. 부유한 외삼촌이 도움을 줬지만 곧 세상을 떠났다. 외숙모는 에어를 좋아하지 않았고 남자 사촌은 그를 지독하게 괴롭혔다.

외숙모는 에어를 고아들이 교육받는 로우드학교로 보냈다. 지나치게 엄격하고 먹을 것도 제대로 주지 않는 학교였다. 실제로 작가 브론테는 다섯 살에 어머니를 잃고 자매들과 기숙학교에 다녔다. 여기서 영양실조와 폐렴으로 두 언니를 잃기도 했다. 그나마 소설 속 에어는 좋은 선생님을 만났고 마음이 통하는 친구도 사귀었다. 그 친구가 결핵으로 격리되자 에어는 찾아가 옆에 누워 잠들었다. 친구는 그 밤에 죽었다.

로우드학교에서 에어는 학생으로 6년, 교사로 2년을 보냈다. 그리고 자유와 변화, '새로운 고생살이'를 위해 학교를 떠나기로 결심했다. 신문에 광고를 내서 가정교사 자리를 구했다. 로체스터가 소유하고 있는 손필드의 저택에서 시작한 새로운 삶과 일은 그의 마음에 들었다. 그럼에도 에어는 여전히 번잡한 세상과 도시를 더 많이 보고 싶어 했고, 더 많은 경험을 해보길 원했다.

여성들도 남성들이 느끼는 것과 똑같이 느낀다. 그들은 자신들의 능력을 위해 연습이 필요하고 남자 형제들만큼 그들의 노력을 발휘할 분야가 필요하다. 『제인 에어』 상권, 176쪽

에어의 말이다. 제인 에어를 다시 만나고 싶은 이유가 바로 여기에 있다. 『제인 에어』는 운명에 시달리는 한 여성의 기구한 인생 이야기가 아니다. 부자 남자를 만나 불행한 신세에서 벗어나는 신데렐라 이야기도 아니다. 자기 삶을 적극적으로 개척해 가는, 자유로운 영혼을 소유한 당당한 여성의 이야기다. 에어의 성공은 꺾이지 않는 데 있었다. 지켜야 할 것은 절대 포기하지 않으면서 자신이 갖고 싶은 것을 결국 쟁취하는 데 있었다.

에어는 점점 로체스터에게 빠져들었지만 이뤄질 수 없는 사랑이라고 생각했다. 로체스터와 그의 지인들은 수많은 저택들을 돌아다니며 파티를 열었다. 이번에는 손필드 차례였다. 로체스터와 결혼할 거라고 거론되는 여자도 이곳을 방문했다. 에어는 괴로운 마음으로 그들의 모임을 지켜보았다. 에어는 로체스터에게 손필드의 저택을 떠나겠다고 말했다. 하지만 놀랍게도 로체스터가 에어에게 구혼을 했다. 로체스터는 에어의 질투를 일으키려고 다른 여자를 끌어들였다고 말했다.

그렇게 어렵사리 도달한 결혼이었다. 목사가 이 결혼에 문제가 있으면 지금 나서라는 의례적인 말을 했다. 그런데 뜻밖에도 런던의 변호사라는 사람이 나섰다. 변호사는 에드워드 로체스터와 버사 메이슨이 자메이카 섬 교회에서 결혼했다는 기록을 제시했다. 손필드 저택의 3층에는 '괴상한 야수' 같은 여자가 살고 있었다. 로체스터의 합법적 부인 메이슨이었다.

의지의 여성, 제인 에어

　에어와 로체스터는 중혼重婚이라는 최대의 장애물과 마주했다. 로체스터는 에어와 합법적으로 결혼할 수 없었다. 에어는 로체스터를 사랑하지만 떠나야만 한다고 생각했다. 로체스터는 멀리 남프랑스 별장으로 가 행복하게 살자고 제안했다. 에어는 그런 선택을 한다면 자신은 정부가 될 뿐이라고 답했다.

> 나는 나 자신을 사랑해. 외로우면 외로울수록, 친구가 없으면 없을수록, 오점이 없으면 없을수록 나는 나 자신을 더욱더 사랑해. 나는 하느님이 주시고 인간이 인정한 법을 지킬 거야. (…) 이전부터 믿어왔던 의견들과 이전의 결심들만이 이 순간 나를 지탱해줄 거야. 그곳에 나는 발을 굳게 딛고 있을 거야. 『제인 에어』 하권, 519쪽

　에어에겐 로체스터와의 사랑보다 스스로를 지키는 게 더 중요했다. 자신의 결심을 지키기 위한 대가는 컸다. 에어는 로체스터의 저택을 나와 마차를 잡아탄 뒤, 가지고 있는 돈으로 갈 수 있는 만큼 향했다. 거의 먹지 못한 채 황야를 헤매다 잡풀 사이에 누워 잠을 청했다. 그때 에어에게 슬픈 마음이 일어났다. 끝없는 생각의 고문으로 잠이 오지 않았다. 날이 밝자 황야에 도마뱀이 지나가고 벌이 먹을 것을 찾았다. 에어는 자신이 벌과 도마뱀이 아니라 인간이기 때문에, 욕구와 고통과 책임

을 가진 존재이기 때문에 황야를 떠나기로 했다.

이제 에어가 마주한 것은 지독한 궁핍이었다. 마을의 한 빵 가게에서는 차가운 대우를 받았다. 배는 고프고 피로한 데다 너무 부끄러웠다. 먹을 것을 얻을 수 있을까 해서 인가를 여기 저기 기웃거렸다. 가진 게 없고 아는 사람 하나 없는 고아였으니 지독한 가난은 스스로가 아니면 해결할 수가 없었다.

로체스터를 향한 사랑의 마음은 시련을 겪으면서도 사라지지 않았다. 그러나 에어에겐 신에 대한 믿음과 법에 대한 존중이 이 못지않게 중요했다. 사랑은 소중하다. 그렇다고 사랑이 모든 건 아니라고 말한다면 앞서 말했듯 어느새 나의 연애 세포가 쇠약해진 탓일까.

마음이 가는 것은 에어의 의지다. 양보할 수 없는 것을 절대 양보하지 않겠다는 단호한 의지는 정말 대단하다. 에어에게 삶의 궁극적 의미는 로체스터와의 결혼이 아니라 존재를 걸고 지켜낸 자기 자신에 있지 않을까. 사랑과 결혼이 중요하지 않다는 게 아니다. 타인과의 사랑과 결혼은 자유로운 자신의 의지와 함께할 때 행복의 빛을 뿜는 것임을 다시 생각하게 한다.

또 다른 여성, 버사 메이슨

두 번째 독서에서 또 다른 주목을 끈 이는 버사 메이슨이다. 메이슨은 철저히 짓밟힌 여자였다. 메이슨의 존재에 대해 로

JANE EYRE.

An Autobiography.

EDITED BY
CURRER BELL.

IN THREE VOLUMES.
VOL. I.

LONDON:
SMITH, ELDER, AND CO., CORNHILL.
1847.

샬럿 브론테/
『제인 에어』 초판 표지

물이었다. 나이 든 후 두 번째 독서에서는 두 여성의 서로 다른 처지에 특히 눈이 갔다. 에어가 대영제국의 여성이라면, 메이슨은 식민지의 여성이다.

대영제국의 남성 로체스터가 불을 지른 메이슨을 구하려다 두 눈과 한 손을 잃었다고 해서 그가 완전한 속죄를 받았다고 생각되진 않는다. 여자의 재산을 노리고 했던 결혼도 할 말이 없지만, 합법적 이혼 절차를 택하지 못한다고 해서 부인을 숨겨놓고 하려던 결혼이 용납되진 않는다.

한 걸음 물러서서 보면 메이슨은 대영제국에 의해 지배당하는 식민지, 남성에 의해 착취당하는 여성을 상징하는 인물이라 할 만하다. 『제인 에어』에서 주인공 에어가 당당한 여성으로서의 자아를 찾아갔다면, 『제인 에어』의 조연이자 『광막한 사르가소 바다』의 주인공인 메이슨은 자신의 재산을 노리고 제국에서 온 남자와 결혼을 했고, 제국으로 끌려가 골방에 갇혀 삶을 마쳤다. 메이슨의 삶은 비극으로 점철된 인생이었다.

두 번째 독서의 발견

브론테가 『제인 에어』에서 그리고 있는 건 가난한 고아였던 한 여성이 자신의 시대와 대면해 자아를 확립해가는 이야기다. 남자에게 좌우되는 삶을 살지 말 것. 무엇을 하든 네 스스로의 기준과 가치를 갖고 선택을 할 것. 이것만으로도 『제인 에어』는 충분히 다시 읽어볼 만한 가치가 있다. 제인 에어라는 이름은 이제 내게 자유를 찾아가는 당당한 여성의 이름으로 먼저 다가온다.

거기다 『제인 에어』는 여성의 또 다른 삶을 보여준다. 에어의 삶이 희망으로 나아가는 인생이었다면, 메이슨의 삶은 절망으로 떨어지는 인생이었다. 에어의 삶에 공감하는 것 못지 않게 메이슨의 삶에 시선이 가는 것은 두 사람의 삶이 현실에서 흔히 만날 수 있는 세상의 풍경이기 때문일 터다. 에어와 메이슨은 각각 여성으로서 산다는 것의 희망 편과 절망 편을 보여준다고 할 수 있지 않을까.

이제 여성의 삶은 제인 에어가 살았던 옛날처럼 남자에 의해 크게 좌우되진 않는다. 그렇다고 완전히 무관하지도 않다. 좋은 사랑과 바람직한 성평등은 어떻게 함께 갈 수 있는 걸까. 그 답변이 결코 쉽지 않은 질문이다.

바로 이 지점에서 제인 에어를 다시 만나게 됐다. 내 자신에게 다시 한 번 말을 건다. 남자에게 좌우되는 삶을 살지 마라. 무엇이든 자신의 기준과 가치를 중시하고 선택하라. 19세기에 살았던 제인 에어가 21세기를 살고 있는 내게 전하는 의미 있는 충고다.

2.

안나 카레니나, 사랑에 목숨을 건다는 것은

나는 마치 감옥에서 풀려난 것처럼 온갖 걱정거리로 날 죽이는 세계에서 해방되어 잠시나마 정신을 차리게 됐어. (⋯) 모두들 생을 살아가고 있어. (⋯) 지금 내가 찾아가고 있는 안나도. 나만 그렇지 않아. 레프 니콜라예비치 톨스토이, 『안나 카레니나』 3권, 민음사 2009, 126쪽

레프 니콜라예비치 톨스토이$^{Lev\ Nikolayevich\ Tolstoy}$의 소설 『안나 카레니나』(1878)에서 주인공 안나 카레니나를 가장 적극적으로 옹호한 부분이다. 안나의 올케 돌리의 생각을 통해서였다. 돌리는 아이들을 키우고 가정을 돌보느라 지쳐 있었다. 혼자 안나를 찾아가는 길에 즐거운 여자들을 보며 모두가 생의

기쁨을 즐기는데 자신만 삶에 찌들어 있다고 후회했다. 15년 간 자신의 결혼 생활은 임신, 고통스러운 육아와 아이의 죽음, 사고력의 둔화, 모든 것에 대한 무관심, 추한 외모를 남겼다.

150여 년 전에 쓰인 소설이지만 이해하는 게 어렵지 않았다. 남편은 흥청망청 놀러 다니며 사고나 치고, 살림을 하려니 돈에 쪼들렸다. 고단한 삶은 의무들로 넘치고, 자신의 욕망을 돌볼 틈 같은 건 없었다. 모처럼 가정을 벗어난 돌리에게 안나는 달리 보였다. 안나는 자기 욕망과 한 번뿐인 삶을 즐기는 것처럼 보였다. 19세기의 남성 작가는 여성이 처한 환경과 그에 따른 마음의 움직임을 놀라운 솜씨로 잡아냈다.

19세기 여성의 삶

근대사회, 그러니까 20세기 이전 시대 여성의 삶은 21세기 현대사회 여성의 삶과 어떤 차이가 있을까. 여성이든 남성이든 삶은 시간에 구속된다. 시대에 속박된 삶을 살펴보는 유용한 방법은 소설을 읽고 현재와 비교해보는 거다. 앞서 샬럿 브론테의 『제인 에어』를 다룬 장에서 19세기 전반 근대 서구사회를 살았던 여성의 삶을 살펴봤다. 안나 카레니나는 19세기 후반을 살았던 소설 속 여성이다.

안나는 어떤 삶을 살아간 인물일까. 안나의 삶에서 중요한 인물은 카레닌과 브론스키였다. 안나는 20년 연상이면서 유능한 고위 관리인 카레닌의 아내였다. 아들 세료자와 함께 별 문제 없이 살고 있었다. 그런데 오빠 스티바가 여자 문제로 부정을 저질러 문제가 생기자 안나는 올케를 달래기 위해 모스크바로 왔다. 기차 안에서 우연히 대화를 나눈 사람이 브론스키의 어머니였다. 안나는 어머니를 모시러 온 브론스키와 기차 객실에서 처음 만났다.

이 우연한 만남은 안나와 브론스키의 삶을 아주 다른 곳으로 흘러가게 했다. 스티바의 집에서 잠깐 스친 후, 두 사람이 다시 만난 곳은 무도회장이었다. 톨스토이는 돌리의 여동생 키티의 눈으로 사랑에 빠져가는 안나와 브론스키를 그려낸다. 키티는 브론스키의 청혼을 기다리고 있었다. 그러나 사랑의 기쁨에 빠져들어가는 안나와 브론스키를 보고 말았다. 무도회가 진행될수록 키티는 절망에 빠졌고, 안나와 브론스키의 불안한 사랑이 피어나기 시작했다.

안나는 처음엔 피하려고 했다. 일정을 앞당겨 남편과 아들이 있는 페테르부르크로 향했다. 그런데 안나가 탄 그 기차에 브론스키 역시 타고 있었다. 브론스키와는 기차에서 짧은 대화를 나눴을 뿐이었지만 안나의 마음은 변화하고 있었다. 남편과 아들을 다시 만나면서 가슴속 환멸의 감정이 피어났다.

안나는 결국 남편 카레닌에게 브론스키에 대한 사랑을 고백하고 말았다. 카레닌은 당시 러시아에서 아내의 부정에 대처하는 여러 선택지를 생각했다. 결투는 하고 싶지 않았다. 합법적 이혼을 할 수 있었지만 자신의 명예를 지키지 못한다고 판단했다. 카레닌은 안나가 브론스키와 결합하는 걸 원치 않았다. 카레닌은 아내를 벌하기 위해 안나를 자신의 곁에 붙들어놓기로 결정을 내렸다.

카레닌이 허락하지 않는 이상 안나가 아들을 데리고 남편의 집을 떠나는 것은 불가능했다. 카레닌은 안나에게 자신의 집에서 브론스키를 마주치지 않도록 하고, 사교계와 하인들에게 비난을 받지 않도록 처신할 것을 못박았다. 지킬 수 없는 조건이었다. 쪽지를 받고 안나의 집으로 찾아간 브론스키는 카레닌과 마주쳤다. 카레닌은 즉각 이혼을 결심했다.

안나의 사랑, 키티의 사랑

『안나 카레니나』는 한 여성이 사랑 없는 결혼에 만족하지 못하고 새로운 사랑을 찾는 이야기다. 하지만 그 남편이 나쁜 사람이라고 말하는 이야기는 아니다. 소설 속 주요 인물들은 각자 처한 상황을 진지하게 고민하고 스스로의 판단에 충실했다.

안나는 브론스키 사이에서 생긴 아이를 출산한 다음 죽을 고비를 겪으면서 카레닌에게 용서를 구했다. 하지만 카레닌의 용서도 안나와 브론스키의 관계를 없었던 것으로 만들진 못 했다. 브론스키는 집으로 돌아가 권총 자살을 시도했다. 시간이 흘러 안나는 이혼하지 않은 채 브론스키와 외국으로 떠났다.

여행에서 돌아온 안나는 여전히 호화로운 생활을 즐겼다. 결혼과 가정이라는 제도에서 벗어나 사랑을 좇아 살아가는 삶이 좋아 보일 법도 했다. 하지만 주어진 제도에서 벗어난 삶이 순탄할 리 없었다. 사교계는 안나를 받아들이지 않았다. 불륜의 상대인 브론스키는 남자이기에 사교계에서 활동하는 데 아무 문제가 없었다. 사교계에서 쫓겨난 안나는 브론스키의 영지에서 겉으로는 문제가 없어 보이는 삶을 이어나갔다.

안나와 브론스키가 새로운 가정을 꾸리는 데는 장애물이 많았다. 현재의 시점에서 보면 어처구니가 없지만 당시 러시아 교회법은 결혼한 여자는 남편이 살아있는 동안 재혼을 할 수 없었다. 안나가 아들 세료쟈를 데려간다고 해도 합법적인 테두리에서 양육할 수 없었다. 이혼은 브론스키에게도 중요한 문제였다. 이혼을 거치지 않으면 안나와의 사이에서 낳은 아이가 법적으로 카레닌의 아이가 되는 것을 막을 수 없었다.

가정이라는 제도적 보장을 받지 못한 안나의 사랑은 점점 비뚤어져갔다. 온전한 가정을 포기한 안나에게 남은 건 사랑뿐이었다. 안나는 브론스키가 다른 관심을 갖지 않도록 집안을 생기 있고 유쾌한 곳으로 만들려고 노력했다. 사교계를 대신할 사람들을 집안에 끌어들였고, 브론스키의 사랑을 잃지 않을까 끝없이 불안해했다.

사랑이라는 마음의 규율과 결혼으로 만들어지는 가정의 규율이 빚어내는 혼란은 『안나 카레니나』의 주제 중 하나다. 이러한 안나와 브론스키 커플과 대조적인 커플이 키티와 레빈 커플이다. 키티는 레빈의 청혼을 거절하고 브론스키의 청혼을 기다렸으나 안나의 등장으로 절망에 빠졌다.

레빈은 키티에게 거절당하고 실망에 빠져 시골로 돌아왔다. 농사에 뛰어들어 직접 노동을 하며 건강한 기쁨을 찾아갔다. 건강한 노동과 농민들의 삶에 밀착한 레빈에게서 톨스토이의 모습이 보인다. 톨스토이는 『안나 카레니나』의 집필을 시작한 1873년 아내와 함께 사마라 지방에 가서 빈민구제 사업을 펼쳤다. 톨스토이는 뛰어난 소설가였을 뿐만 아니라 농민운동, 교육운동, 비폭력운동 등을 펼친 사상가였다.

키티는 다시 만난 레빈의 마음을 받아들였다. 키티는 요양 차 떠난 외국에서 많은 사람들을 만나며 정신적 삶에 눈뜨기 시작했다. 한편 돌리는 레빈에게 결혼을 앞둔 여자들이 처한 상황을 들려줬다. 남자들은 여자들 중 한 사람을 택해 그 집에 드나들며 관찰하고 청혼하지만, 여자에겐 그런 기회가 주어지지 않는다는 거였다. 그래서 남자를 잘 알지도 못한 채 주어지는 청혼을 받아들이거나 거절하는 수밖에 없다고 말이다. 이후 레빈은 키티에게 다시 청혼했다.

키티는 같은 실수를 하지 않았다. 결혼을 앞두고도 키티의 사랑을 믿지 못했던 레빈에게 키티는 그의 모든 것을 이해하기 때문에, 그가 무엇을 사랑하고 그가 사랑하는 모든 것들이 훌륭하다는 걸 알기 때문에 그를 사랑한다고 말했다. 결혼 후 모스크바나 외국으로 가라는 다른 사람들의 조언을 거부하고 시골로 가겠다고 한 것은 키티의 선택이었다. 키티와 레빈은 서로 이해하며 사랑하고 성실하게 일하면서 시골에서의 건강한 삶을 이어갔다.

그러니까 안나와 브론스키의 사랑이 서로에 대한 열정으로 시작됐다면, 키티와 레빈의 사랑은 서로 간의 이해로부터 출발한다. 열정과 이해의 차이는 컸다. 사랑이 안겨주는 고통으로 번민하던 안나는 결국 달리는 기차에 몸을 던져 삶을 끝내고 말았다. 여기까지가 내가 전달할 수 있는 19세기 여성인 안나 카레니나의 사랑과 삶이다.

『안나 카레니나』의 성취

> 행복한 가정은 모두 모습이 비슷하고, 불행한 가정은 모두 제각각의
> 불행을 안고 있다. 『안나 카레니나』 1권, 13쪽

널리 알려진 『안나 카레니나』의 첫 문장이다. 누구나 행복을 꿈꾸지만 그 행복은 다양한 이유로 깨어진다. 『안나 카레니나』는 행복과 불행에 관한 이야기를 그려냄으로써 서양 소설에서 최고의 고전으로 손꼽혀왔다. 2007년 노턴출판사가 조사한 '영미권 작가 125명이 뽑은 최고의 문학'에서 1위를 차지했고,

2009년 시사주간지 『뉴스위크』가 발표한 '역대 세계 최고의 명저 100'의 하나로 선정됐다. 『안나 카레니나』는 『전쟁과 평화』, 『부활』과 함께 톨스토이가 남긴 걸작으로 평가받아왔다.

우리가 소설을 읽는 까닭의 하나는 소설이 개인의 삶과 당대 사회에 관한 이야기를 생생히 그려낼 때 얻는 재미에 있다. 또 소설이 형상화한 인물 또는 소설이 제기하는 인간 및 사회 문제에 공감할 때 작품으로부터 새로운 깨달음을 얻게 된다. 문학이든 영화든 일차적으로 중요한 것은 인물과 사건들이 엮어내는 이야기의 힘이다. 삶과 닮아 있는 이야기는 감동을 선사한다.

『안나 카레니나』는 19세기 후반 러시아의 풍속과 사회 그리고 개인의 내면에 관한 이야기를 생생하게 담아내 읽는 즐거움을 선사한다. 전달하려는 작가의 메시지가 너무 강렬한 작품은 읽는 재미를 잃기 쉽다. 『안나 카레니나』는 안나와 키티를 위시한 주요 인물들의 복잡하고 미묘한 내면을 풍부하고 섬세하게 그려냄으로써 3권으로 이뤄진 긴 번역본임에도 흥미진진하게 읽을 수 있는 즐거움을 안겨준다.

소설의 마지막 장을 덮고 나서 돌아보는 것은 안나의 삶과 사랑이 던지는 21세기적 의미다. 안나는 시대적 구속을 넘어서는 불가능한 꿈을 꿨다. 결국 안나가 행복을 위해 원했던 건 아내의 권리를 보장받는 이혼을 하고, 남편이 아들을 내주고, 브론스키와 결혼하는 것이었다. 사랑하는 사람과 함께 살고

АННА КАРЕНИНА

РОМАНЪ

ГРАФА

Л. Н. ТОЛСТАГО

ВЪ ВОСЬМИ ЧАСТЯХЪ

ТОМЪ ПЕРВЫЙ

МОСКВА.
ТИПОГРАФІЯ Т. РИСЪ, У МЯСНОЙ Ч., ДОМЪ МЕДВЪДНИКОВ.
1878.

레프 니콜라예비치 톨스토이/
『안나 카레리나』초판 표지

싶다는 소박한 꿈이었다. 그런데 당시 사회제도는 이 꿈을 허용하지 않았다. 안나는 불가능한 꿈을 향해 돌진하다 스스로를 파괴하고 만 비극적인 인물이었다.

열정과 이해 사이에서

이분법의 관점에서 보면 안나의 삶보다는 키티의 삶이 더 소망스러운 것이었다. 진정한 사랑에는 열정 못지않게 이해가 중요하다는 게 톨스토이의 암묵적인 메시지일 것이다. 열정이라는 감정이 아무리 소중하다 해도 분별을 갖지 않은 열정으로서의 사랑은 위험한 사랑이다. 위험한 사랑은 대체로 비극으로 끝난다. 제도적 구속이 강력했던 19세기에는 더욱 그러했고, 안나 카레니나의 사랑은 그 전형인 셈이었다.

열정에 이해를 더한 사랑이라면 더 이상 말이 필요 없을 것이다. 그런데 열정 없는 이해의 사랑은 어떨까. '열정 없는 이해의 사랑'이나 '이해 없는 열정의 사랑' 모두 비극적인 건 마찬가지지 않을까. 누구나 열정 있는 이해의 사랑을 꿈꾸지만 그렇다고 이러한 사랑을 삶에서 꼭 만나는 건 아닐 거다. 사랑은 운명이라고 말하지만 그것은 예정된 운명이라기보다 예정과 무관한 우연이 아닐까.

사랑은 안나가 살아갔던 19세기에도, 앞서 2부 6장에서 다룬 에바 일루즈의 『사랑은 왜 아픈가』를 통해 살펴봤듯 21세기에도 쉽지 않은 일이다. 여성의 관점에서는 더욱 그렇다. 이처럼 어려운 일인데도 불구하고 '사랑 있는 삶'이 '사랑 없는 삶'보다 나은 게 아닐까. 안나는 사랑 있는 삶을 위해 자신의 모든 것을 버렸지만, 그런 안나의 삶을 함부로 재단할 순 없을 것이다.

『안나 카레니나』는 21세기를 살아가는 이들에게도 사랑에 대한 많은 생각들을 불러일으킨다. 내가 선택할 사랑이 아니라 하더라도 안나의 사랑처럼 연민을 느끼게 하는 사랑이라면 그 사랑은 관심을 받을 만하고, 그 사랑으로부터 사랑에 대한 더 깊은 깨달음을 발견하게 될 것이다. 19세기의 여성 안나를 지금 다시 만나는 이유다.

3.

빨간 머리 앤, 꿈을 잃지 않는 삶을 위하여

살아가며 우리는 얼마나 많은 꿈을 꿀까. 꿈이 하나만은 아닐 거다. 어린 시절과 젊은 시절 꾸던 꿈, 그 이후에도 원하는 삶을 꿈꿀 수 있다. 삶이란 꿈꾸기의 연속이지 않을까. 설령 꿈이 이뤄지지 않는다고 해도 꿈은 앞으로 펼쳐질 미래에 새로운 희망을 품게 한다.

하지만 꿈과 현실 간의 메울 수 없는 간극은 쓸데없는 괴로움을 안겨준다. 허황된 꿈이라면 꾸지 않는 게 낫다. 그래선지 나이 들어가며 삶이란 대체로 건조한 일상의 연속이라는 걸 부지불식간 깨닫는다. 어린 시절과 젊은 시절 꾸던 꿈이 아득하게 느껴진다. 그래도 꿈꿀 수 있는 때가 윤기 있는 인생이지 않을까 하는 생각이 문득문득 들곤 한다.

내가 초등학생이었을 때, 내가 중고등학생이었을 때, 내가 대학생이었을 때 나는 어떤 꿈을 꿨던 걸까. 그 꿈을 아직 간직하고 있다면 내 삶은 지금도 윤기 날 수 있을까. 그 꿈이 여전히 유효하다면 나는 다시 그 꿈을 꿀 수 있는 걸까. 생각이 여기까지 미치자 그 시절 읽은 책 속의 주인공들이 떠올랐다. 『빨간 머리 앤』의 앤 셜리는 그 꿈 많은 주인공 중 하나다.

초록 지붕 집의 앤

캐나다 작가 루시 모드 몽고메리^{Lucy Maud Montgomery}가 1908년 내놓은 『빨간 머리 앤』(시공사 2002)은 세계적인 베스트셀러다. 일본에서 만들어진 애니메이션도 있고, 글로벌 OTT 업체가 제작한 드라마도 있다. 20세기를 살아온 이들이라면 누구에게나 익숙한 이야기다. 그래도 이야기의 문을 여는 장면에서 초록 지붕 집의 매슈 커스버트가 모처럼 잘 차려입고 마차를 몰며 기차역으로 가는 모습을 볼 때마다 조마조마해진다. 처음 읽은 지 수십 년이 지났는데도 다시 이야기에 정신없이 빨려 들어갔다.

여기는 캐나다에 있는 에이번리라는 마을이다. 초록 지붕 집에 살고 있는 마릴라 커스버트와 매슈 커스버트는 오누이다. 이웃에 사는 린드 부인은 잘 차려입고 마차를 몰고 가는 매슈를 발견했다. 린드 부인은 곧장 초록 지붕 집으로 향했다. 마릴라는 나이 든 매슈의 일을 도와줄 남자아이를 고아원에서 입양하려는 계획이라고 말했다.

그런데 매슈는 기차역에서 뜻밖에도 여자아이를 만났다. 매슈는 당황했지만 일단 아이를 마차에 태웠다. 아이는 일이 잘못된 줄 몰랐다. 거대한 사과나무들이 아치를 이룬 가로수 길의 아름다움에 매혹되어 말을 멈추기도 했지만, 처음 보는 낯선 사람인데도 매슈에게 끝없이 말을 건넸다. 여자아이의 이름은 앤 셜리였다.

운명은 우리의 주인공 앤에게 가혹했다. 아이의 삶에 안정감이라고는 없었다. 세상살이의 거친 바람을 버텨나가기에 어린아이는 얼마나 약한 존재인가. 앤은 태어난 지 석 달 만에 엄마, 아빠를 잃었다. 어린아이에겐 버거워 보이는 집안일을 도우며 이 집 저 집을 떠돌며 살았다. 앤을 거뒀던 가난한 집들의 형편은 나빠졌고 결국 고아원에서 거친 옷을 입고 거친 음식을 먹으며 지내야 했다.

상황이 잘못 흘러가는데도 앤의 태도는 독자의 시선을 끈다. 자신이 돌려보내질 걸 알고 나서도 초록 지붕 집에 물이 흐르는 시내가 있다는 것을 기억하겠다는 앤의 마음은 순수했다. 슬픈 밤을 보냈는데도 아침에는 절망의 구렁텅이에 빠지지 않겠다고 다짐하는 앤의 마음은 대견스러웠다.

절망하지 않겠다는 결심이 현실을 바꿔줄 순 없다. 하지만

이 절망의 구렁텅이에 빠지지 않겠다는 결심은 친절하지 않은 세상을 버텨내는 소녀의 힘이다. 그 덕분에 앤은 명랑함, 풍부한 상상력, 지치지 않고 말하는 자신만의 성격을 간직할 수 있었다. 과묵한 매슈가 앤에게 드문드문 짧게 대답하며 즐거워하는 장면은 독자의 마음에도 따뜻한 바람을 흘려보내주었다.

마릴라는 앤을 돌려보내기 위해 앤을 소개한 집을 찾아갔다. 어릴 적 읽을 때는 앤의 안타까운 상황에 집중하느라 마릴라의 마음을 헤아릴 겨를이 없었다. 집안일을 도와줄 아이를 구하던 다른 이웃 여자가 앤을 데려가겠다고 나서는 순간, 마릴라는 빠져나왔던 덫에 다시 붙잡힌 듯한 여자아이의 절망에 찬 얼굴을 보고 말았다. 마릴라는 앤을 데리고 초록 지붕 집으로 다시 돌아왔다.

이번에는 마릴라가 독자의 마음에 뜨거운 바람을 흘려보냈다. 앤을 입양하는 게 쉬운 선택일 리 없었다. 늙어가는 오누이에게는 일손을 도와줄 남자아이가 절실했다. 마릴라는 고아원 출신 아이들에 대한 나쁜 소문들도 알고 있었다. 아이를 키워본 경험도 없었다. 그런데도 마릴라는 앤의 애처로운 눈빛을 외면하지 않았다.

마릴라와 매슈가 앤을 받아들인 건 그가 사랑스럽고 완벽한 아이여서는 아니었다. 앤에게도 여러 결점이 있었다. 앤이 생각하는 자신의 큰 결점은 빨간 머리였다. 빨간 머리는 이웃집 린드 부인과의 첫 대면을 망쳐버렸다. 린드 부인이 앤을 보자마자 마르고 못생긴 데다 주근깨에 빨간 머리라고 했으니 앤이 기분 나쁜 건 당연했다. 학교에서도 비슷한 일이 있었다. 앤은 머리카락 끄트머리를 잡고 홍당무라고 놀린 길버트 블라이스의 머리를 석판으로 내려쳐버렸다.

빨간 머리는 앤의 열등감을 자극하는 단추 같은 거였다. 앤은 빨간 머리를 없애보려고 집에 들른 행상에게 가진 돈을 털어 염색약을 샀다. 결과는 최악이었다. 초록색이 된 머리를 짧게 잘라야 했다. 빨간 머리는 타고난 거라서 없앨 수 없는 거였다. 빨간 머리인 채로 행복하게 살아가거나, 빨간 머리인 채로 불행하게 살아갈 수밖에 없는 일이었다.

모퉁이를 돌아가는 앤

앤은 빨간 머리인 채로 잘 살아갔다. 마릴라는 소풍을 앞두고 지나치게 흥분한 앤에게 그러다가는 살면서 실망할 일이 많을 거라고 걱정했다. 앤은 달랐다. 실망하더라도 기대를 품는 것이 더 낫다는 게 앤의 생각이었다. 앤은 마릴라에게 앤다운 말을 건넸다.

> 린드 아주머니는 '아무것도 기대하지 않는 사람은 아무런 실망도 하지 않으니 다행이지.'라고 말씀하셨어요. 하지만 저는 실망하는 것보다 아무것도 기대하지 않는 게 더 나쁘다고 생각해요. 『빨간 머리 앤』131쪽

앤에게 새 드레스가 필요한 걸 알아챈 건 매슈였다. 마릴라는 앤에게 퍼프소매가 없는 검소한 옷만 입혔다. 매슈는 큰맘 먹고 앤의 옷을 사러 평소 다니지 않는 가게로 갔지만 여자아이 옷을 살 용기가 나지 않아 필요 없는 것만 잔뜩 사서 돌아왔다. 이때 매슈를 도와준 게 린드 부인이었다. 린드 부인은 앤이 꿈에도 그리던 퍼프소매가 있는 드레스를 만들어줬다.

한편 앤의 빨간 머리카락을 놀린 길버트는 앤의 생명의 은인이 됐다. 앤은 친구들과 연극 놀이를 했다. 앤은 배에 누워 강을 떠내려가는 여주인공이었다. 갑자기 배가 가라앉기 시작하자 앤은 다리 아래 기둥을 붙잡고 배에서 탈출했다. 때마침 길버트가 배를 몰고 나타났다. 길버트는 앤을 구해주고 화해를 요청했다. 앤은 2년 전의 분노가 생생하게 떠올라 용서할 수가 없었다.

이대로 길버트와는 좋지 않은 관계로 끝날 것 같았지만 삶은 다르게 흘러갔다. 앤은 상급학교인 퀸스의 입학시험에 1등으로 합격했다. 졸업하면 교사 자격을 얻는 학교였다. 길버트와 몇 명의 아이들도 같이 퀸스 학교에 다녔다. 앤은 높은 성적으로 에이번리 장학금을 받았다. 졸업 후 레드먼드대학에서 4년을 공부할 수 있는 장학금이었다.

그런데 매슈가 갑작스럽게 세상을 떠났다. 앤과 마릴라는 깊은 슬픔에 빠졌다. 혼자 남은 마릴라의 건강이 좋지 않았다. 마릴라 혼자 농장을 꾸려가는 건 불가능했다. 앤은 장학금을 포기하고 대학에 진학하지 않기로 결정했다. 마릴라는 앤에게 그런 희생을 시킬 수 없다고 반대했다. 앤은 마릴라에게 자신의 생각을 말했다.

> 퀸스를 졸업할 때에 저의 미래는 제 앞에 곧게 뻗어 있었어요. 그 길을 따라가면 많은 이정표를 볼 수 있으리라고 생각했죠. 이제는 그 길에 모퉁이가 생겼어요. 그 모퉁이 길에 무엇이 있는지는 저도 몰라요. 하지만 가장 좋은 일이 기다리고 있을 거라고 믿을 거예요. 『빨간 머리 앤』 404쪽

길에 모퉁이가 나타났으니 그 모퉁이를 돌아 다시 자신의 길을 가겠다는 이야기였다. 이렇듯 앤은 어느새 발랄한 소녀에서 성숙한 어른으로 성장해가고 있었다.

대학에 가는 대신 앤은 선생님이 되기로 결심했다. 에이번리 학교의 선생님으로는 이미 길버트가 내정되어 있었다. 앤은 멀리 떨어진 학교에 지원해야 했다. 뜻밖에 길버트가 앤을 위해 다른 학교를 지원했다. 길에서 만난 길버트는 앤에게 오래된 잘못에 대한 용서를 구했고 앤은 받아들였다. 모퉁이를 돌아가는 길에는 새로 친구를 얻는 기쁨도 있었다. 『빨간 머리 앤』의 모험은 여기서 막을 내린다.

ANNE OF GREEN
GABLES

By
L. M. MONTGOMERY

Illustrated by
M. A. and W. A. J. CLAUS

"The good stars met in your horoscope,
Made you of spirit and fire and dew."
—Browning.

BOSTON — L. C. PAGE &
COMPANY — MDCCCCVIII

루시 모드 몽고메리/
『빨간 머리 앤』 초판 표지

누구나 자신만의 '빨간 머리'가 있다

『빨간 머리 앤』은 연작이다. 앞에서 말한 첫 작품이 선풍적 인기를 끌자 몽고메리는 유년과 중년과 노년의 앤을 다룬 작품들을 잇달아 내놓았다. 여러 언어로 번역돼 전 세계에서 1억 부 이상 팔린 것으로 알려졌다. 나 역시 어렸을 때 우리말로 된『빨간 머리 앤』을 만났고, 이번에는 새로운 번역본으로 읽었다.

이 책이 전 세계적인 사랑을 받은 것은 한 소녀가 크고 작은 어려움을 거치며 성장하는 이야기가 큰 감동을 주기 때문일 것이다. 그 감동은 무엇보다 작가 몽고메리가 한 소녀에서 어른으로 성장해간 자신의 경험을 담뿍 담아놓았기 때문에 가능했다. 앤의 삶에 대한 감동은 서양 소녀들은 물론 동양 소녀들에게도 마찬가지였을 거다.

앤은 작가의 개인적인 경험에서 탄생한 인물이다. 몽고메리는 이야기의 배경인 프린스에드워드 아일랜드에서 태어났다. 앤이 보자마자 감탄했고 독자로도 내내 빠져들었던 아름다운 경치를 가진 곳이다. 앤이 어려서 고아가 되어 마릴라와 매슈의 집에 살았던 것처럼, 몽고메리 역시 어려서 어머니를 잃고 외조부모 밑에서 자랐다. 대학을 졸업한 후 앤처럼 선생님이 됐다. 마르고 주근깨가 있었다는 사실이나 친구들과 함께 이야기 클럽을 만든 일화 등 앤의 많은 이야기가 작가의 체험에서 비롯된 것으로 전해진다.

몽고메리는 『빨간 머리 앤』에 어린 시절 우리가 중요하게 여겼던 것을 가득 담아놓았다. 무료한 시간을 보내려고 만들어낸 놀이에 흠뻑 빠지기도 했고, 긴장과 설렘을 갖고 작지만 큰 학교라는 세계로 들어서기도 했고, 새로운 친구를 만나 사귀고 때로는 멀어지기도 했던 시간들 말이다.

1874년에 태어난 몽고메리의 시대에 여자아이로 커간다는 건 많은 제약이 있는 일이었다. 여자아이들은 바느질과 요리를 배우고, 여자아이다운 차림과 몸가짐을 해야 한다는 걸 자연스럽게 받아들이며 자랐다. 21세기 여성의 시각에서 보면 『빨간 머리 앤』은 남녀 차별을 담고 있는 옛날의 이야기다. 이번에 다시 읽어보니 몽고메리 역시 가부장주의로부터 완전히 자유로워 보이지는 않는다. 그런 점에서 『빨간 머리 앤』은 좀 낡은 느낌을 안겨준다.

그럼에도 몽고메리는 21세기의 소녀에게도 의미 있는 이야기를 들려준다. 소녀에게나 청년과 장년의 시기를 통과하는 여성 모두에게 자기 생각과 감정에 충실하며 사는 건 여전히 소중한 일이다. 자기 감정에 솔직하고 자신의 삶을 적극적으로 개척해간다는 점에서 앤은 앞서 다뤘던 『제인 에어』와 많이 닮아 있다. 여성이든 남성이든 인생에서 자신의 의지대로 삶을 이끌어가는 것보다 더 가치 있는 일이 있을까.

누구에게나 자신만의 빨간 머리가 있다는 것, 그런데도 잘 살아갈 수 있다는 것, 어느 길로 갈지 미리 알 수 없고 불현듯 모퉁이들이 나타나는 게 인생이라는 것, 그 모퉁이를 돌아 나오는 길에서 두려워하기보다는 새로운 기대와 꿈을 조금이라도 품는 게 좋다는 것….

『빨간 머리 앤』의 마지막 페이지를 덮으며 떠올린 생각들이다. 오십이 훌쩍 넘었는데도 나는 아직까지 앤처럼 꿈을 꾸고 있는 걸까. 꿈이 없는 삶은 이미 죽은 삶이 아닐까. 나와 같은 어른들에게도 빨간 머리 앤은 명랑한 웃음으로 여전히 응원을 보내고 있다.

4.

안네 프랑크, 그럼에도 삶을 사랑하다

　어린 시절, 친숙한 외국 이름들이 있었다. 앤, 세라, 하이디 등이다. 앤은 빨강 머리 소녀고, 세라는 소공녀고, 하이디는 알프스 소녀였다. 동화책에서 만난 이 주인공 소녀들은 모두 순수하고 꿈이 많았다. 꿈 많은 어린 시절을 보내긴 나 역시 마찬가지였던 듯, 이 이야기들을 무척 재미있게 읽었다.

　이 소녀들로부터 멀어지기 시작한 건 고등학교에 들어가면서였다. 꿈보다는 대학입시가 먼저였다. 아니 꿈을 이루기 위해선 현실의 입시 공부에 열중해야 했다. 대학에 입학해 페미니즘을 공부하면서 주인공 소녀들에게 부여된 고정된 성역할과 꾸며진 이미지에 불편함을 느꼈다. 나와는 거리가 먼 존재들이었다. 그러면서 이 소녀들 이름이 기억의 저장고에서 희미해졌고, 결국 사라졌다.

　네덜란드 소녀 안네도 그 시절 만났던 꿈 많고 순수한 이름들 가운데 하나였다. 물론 앤, 세라, 하이디가 허구의 인물들이라면 안네는 실존 인물이라는 차이가 있다. 소녀들 앞에 놓인 삶의 역경은 각각 달랐다. 빨강 머리 앤이 마주한 고난이 고아 출신이라는 개인적 사연이었다면 안네가 마주한 역경은 전쟁과 파시즘이라는 사회적이고 역사적인 사건이었다. 어린 시절 책 속에서 만났던 외국 소녀들 가운데 안네를 다시 기억해내는 이유는 지금도 무척 마음이 시릴 정도로 그의 이야기를 강렬하게 기억하기 때문이다.

홀로코스트와 『안네의 일기』

　　"안네의 일기는 여기서 끝난다." 안네 프랑크, 『안네의 일기』, 배수아 옮김,
　　책세상 2021, 467쪽

　1944년 8월 1일 금요일 일기가 끝난 다음에 이런 문장이 붙어 있다. 불쑥 나타난 짧고 담담한 이 말에 정신을 얻어맞았다. 페이지 아래 넓은 빈자리를 봤으면서도 여기서 끝이라고 생각하지 못했다. 책에 두툼한 작품 해설이 붙은 탓이다. 일기가 끝난 후 일어난 일들을 우리는 물론 알고 있다.

1944년 8월 4일, 네덜란드 암스테르담에 있는 한 건물에 나치 친위대 간부와 네덜란드 경찰이 들이닥쳤다. 안네 프랑크의 아빠 오토 프랑크가 마련해놓은 은신처였다. 프랑크 가족 4명과 판 단 가족 3명, 뒤셀이라는 이름의 독신 남자가 잡혀갔다. 이 8명의 유대인은 박해를 피해 2년 넘게 은신처에 숨어 있었다. 조금만 늦게 발각됐더라면 얼마나 좋았을까. 네덜란드를 점령했던 독일은 1년 후 연합군에 항복했다.

나치에게 끌려간 8명의 유대인 중 7명은 사망했다. 안네와 언니 마르고는 수용소 베스테르부르크와 아우슈비츠를 거쳐 베르겐-벨젠으로 옮겨졌다. 그곳에서 자매는 1945년 3월경, 티푸스로 사망한 것으로 알려졌다. 유일하게 살아남은 안네의 아버지 오토는 1945년 7월 적십자사로부터 딸 마르고와 안네가 베르겐-벨젠에서 사망했다는 최종 연락을 받았다. 은신처 조력자 중 한 사람인 미프 기스는 오토에게 안네가 쓴 일기를 전해줬다. 『안네의 일기』는 이렇게 세상 밖으로 나왔다.

1933년 독일에서 국가사회주의독일노동자당 NSDAP, 일명 나치당은 다수당이 되었다. 프랑크 가족은 독일에 살던 유대인이었다. 아빠 오토는 제1차 세계대전에 장교로 참전해 철십자 훈장도 받았다. 독일 국적을 가졌지만 나치가 인종주의를 내세우면서 독일을 떠나야 했다. 가족 모두는 네덜란드 암스테르담으로 이주했다. 1926년생 안네는 네덜란드어를 모국어로 여겼고, 『안네의 일기』 역시 네덜란드어로 쓰였다. 제2차 세계대전이 발발한 이듬해인 1940년 네덜란드는 독일에 항복했다. 네덜란드에서도 유대인 탄압이 시작됐다.

널리 알려졌듯, 1933년에서 1945년 사이 독일의 나치 정권은 유대인 박해와 집단학살을 자행했다. 이른바 '홀로코스트'다. 나치 정권은 독일과 점령지에서 유대인들의 권리를 박탈했고, 강제로 수용소에 감금했다. '최종 해결책'이라는 이름으로 조직적인 살해도 자행했다. 그 기간 600만 명의 유대인이 희생된 것으로 추산된다. 홀로코스트는 20세기 최대 비극 가운데 하나다. 망각할 수 없는, 망각돼서는 안 될 범죄다.

은신처에서의 생활

1942년 7월 6일, 언니 마르고를 수용소로 추방하라는 소환장이 떨어지자 프랑크 가족은 은신처로 향했다. 오토가 자신의 회사 건물 뒤편에 마련한 거처였다. 그 시절 독일이 네덜란드를 점령한 후 생긴 '유대인 처치법'은 그들의 자유를 날마다 축소시키고 있었다. 이제 그 자유는 건물 뒤편의 숨은 공간으로 쪼그라들었다.

세상이 몇 번이나 뒤집힌 듯한 기분이야. 그러나 키티, 너도 알다시피 난 지금 살아 있어. 그게 가장 중요한 핵심이라고 아빠도 말했지. 그래, 이미 말한 대로 나는 살아 있는데, 어디서 어떤 상태로 살아

안네는 그날의 기억을 일기장에 이렇게 옮긴다. 안네는 1942년 6월 12일 생일선물로 받은 일기장에 글을 쓰기 시작한다. '키티'라는 이름을 붙여줬다. 평범한 열세 살 소녀의 고민이 담겼다. 유급을 결정하는 회의를 앞둔 날의 불안과 술렁이는 반 분위기, 수업 시간에 너무 떠든다고 계속 작문 숙제를 내주시는 선생님, 세상에 태어나서 그만큼 좋아해본 적이 없다는 남자 친구. 일기 전체에서 아주 짧은 분량일 수밖에 없는 평범한 날들이, 열세 살짜리의 세상에서 가장 소중한 것들이, 친구와 학교가 사라졌다.

은신처에 갇힌 식구들에게 이제 중요한 건 생존이었다. 들키는 날엔 모두 잡혀간다. 이웃에게 보이면 안 된다. 불빛 하나, 작은 소리도 새어나가면 안 된다. 캄캄한 한밤중 아래층 사무실에서 조그만 소리가 나도 은신처의 식구들은 목숨의 위협을 느꼈다. 사무실에 도둑이 들면 도둑을 잡는 게 아니라 도둑에게 들키지 않는 게 문제였다.

은신처의 사람들은 잘 지내려고 노력했다. 각자의 흥미에 따라 독서를 했고 어학을 공부했다. 어른이나 아이들 모두 같이 집안일을 했다. 외부에 들키지 않는 것만이 문제가 아니었다. 8명이나 되는 사람이 먹고 씻고 화장실을 쓰는 것만 해도 큰 문제였다. 은신처의 사람들은 세세한 생활 규칙을 만들어가능한 한 인간적인 생활을 하려고 노력했다.

1944년 1월 15일, 안네가 은신처에 갇혀 산 지 1년 7개월이 됐다. 안네는 뒤셀이 가뜩이나 부족한 소스를 남은 사람을 생각하지 않고 덜어가는 걸 보면서 그를 문밖으로 내던져버리고 싶다고 생각한다. 뒤셀은 오토가 은신처로 옮긴 지 4개월 후 1명 정도는 더 여유가 있다고 생각해서 데리고 온 독신의 치과의사였다. 안네는 뒤셀과 방을 같이 써야 했다. 전쟁 중이었으니 음식이나 물건도 턱없이 부족했다. 배급표가 있어야 물건이나 음식을 살 수 있었고, 누군가 은신처의 유대인들을 대신해 사다줘야 했다. 갈등이 없을 수 없었다. 다른 가족 몰래 음식을 숨겨놓는 것과 같은 치사한 일로 서로 힘들어했다.

이런 삶의 현장을 지켜보며 안네는 인간이란 자기밖에 모르는 이기적 존재일지도 모른다고 적어둔다. 그리고 이곳에서 사는 덕분에 인간의 참모습을 발견할 기회가 있다는 건 좋은 일이라고 한탄스러운 말을 남겨둔다. 어린 소녀에게는 가혹한 시련이었다.

성장해가는 안네

그럼에도 안네는 점차 성장한다. 1944년 3월 7일, 안네는 항상 집에서 야단을 맞고 이리저리 치이다보니 의지가 꺾이는 것을 느꼈다고 지난해를 회상한다. 안네는 말하는 걸 좋아하는 명랑한 소녀였다. 그런 그가 함께 지내는 어른들에게 "날 좀 내버려두라"고 호소한다. 한창 활기찬 나이의 소녀가 어른들도 힘든 은신처 생활을 하며 느낀 고통은 컸을 것이다. 그래도 안네는 기운을 냈다. 1944년 4월 11일, 안네는 일기에 이렇게 적는다.

> 내가 무엇을 하고 싶은지도 알고, 목표도 뚜렷하고, 내 나름의 의견이 있으며, 신을 믿고, 사랑하는 사람도 있어. 내가 그냥 나로 존재할 수 있도록 내버려둬! 그것만 있으면 난 만족하니까." 『안네의 일기』, 366쪽

일기를 보면 안네는 엄마와의 관계가 좋지 않았다. 엄마는 언니 마르고와 훨씬 잘 지냈다. 안네는 대신 아빠와 잘 지내려고 노력했다. 시간이 지날수록 안네는 엄마와 자신이 다른 사람이라는 걸 받아들이고, 객관적 시각으로 엄마의 입장을 이해해보려고 했다.

안네는 엄마보다 긍정적이고 외향적인 사람이었다. 엄마는 우울증에 걸린 사람에게 이 지구상의 온갖 비참한 사람 중 한 사람이 아님에 감사하라고 충고하지만, 안네의 생각은 다르다. 밖으로 나가 들판을 걷고 자연과 태양을 느껴보라고, 자신의 내부에서 행복감이 다시 솟아나도록 해보라고 권해야 한다고 생각한다.

안네 프랑크/
『안네의 일기』 네덜란드어판 표지

안네는 "세상의 모든 근심에는 최소한 1가지씩의 좋은 일이 깃들어 있다"고 적는다. 비참한 기분이 들 때 어떻게 해야 하는지에 대한 안네의 생각이다. 좋은 일을 발견하기만 한다면 언제 어디서든 기쁨을 누릴 수 있다고, 행복한 사람은 다른 사람도 행복하게 해줄 수 있다고, 용기와 신뢰를 잃지 않는 사람은 큰 불행이 닥쳐도 절대 쓰러지지 않을 거라고 일기에 쓰고 있다. 소녀 안네는 이렇게 조금씩 성장해가고 있었다.

일기가 돌연 중단된 다음 일어난 일들을 알고 있는 독자로서 이런 내용을 읽으면 무척 안타깝다. 안네가 괴로움을 털어놓을 때보다 그의 솔직한 생각을 드러낼 때 더 마음이 아프다. 안네가 기쁠수록 슬프고, 행복할수록 고통스럽다. 도대체 히틀러와 나치는 무슨 짓을 벌였던 건가. 홀로코스트는 결코 잊어서는 안 될, 반복돼서는 안 될 비극이었다.

다시 만난 소녀 안네

그동안 홀로코스트에 대한 책과 영화들을 더러 읽고 봤다. 사회학자 지그문트 바우만은 『현대성과 홀로코스트』에서 이 인류사적 비극을 사회학적 시각으로 분석했다. 영화감독 스티븐 스필버그는 〈쉰들러 리스트〉를 통해 나치의 범죄를 고발했다.

오스트리아의 신경학자이자 심리학자인 빅터 프랭클의 『죽음의 수용소에서』(청아 2005)도 기억에 남는 책이다. 프랭클은 홀로코스트의 생존자였다. 사랑하는 이들이 강제수용소에서 세상을 떠났지만, 프랭클은 그 슬픔을 딛고 인간은 의미를 추구하는 존재라는 로고테라피 치료법을 내놓았다. 우리 인간에게 절망을 이겨내고 희망을 품게 하는 것은 뭘까. 절망 속에서도 삶의 의미를 찾으려는, 결코 포기할 줄 모르는 인간의 태도가 새로운 희망을 키워낸다.

일기를 통해 안네를 다시 만나면서 들었던 생각은 두 가지다. 하나는 파시즘의 폭력이다. 나치와 같은 파시즘은 인간의 자유를 구속하고, 결국 홀로코스트라는 야만을 감행했다. 우리 인간의 삶과 일상은 깨어지고 부서지기 쉬운 것이다. 이런 끔찍한 폭력이 다시 일어나지 않기 위해서는 우리 모두 폭력에 마땅히 반대하고 적극 싸워야 한다.

다른 하나는 소녀 안네의 정체성이다. 모든 걸 앗아간다 해도 자유만은, 주어진 환경에서 자신의 태도를 결정하고, 자기 자신의 길을 선택할 수 있는 자유만은 빼앗아갈 수 없다는 빅터 프랭클의 말이 안네에게는 분명 진실이었다.

> 내가 여자라는 것, 내면의 강인함과 무한한 용기를 지닌 여자라는 걸 나는 잘 알아! 『안네의 일기』 366쪽

어린 소녀가 그런 역경 속에서도 어쩌면 이렇게 당당할 수

있었을까. '내면의 강인함과 무한한 용기'를 지닌 안네의 말은 안네가 처한 상황을 생각하면 마음이 무척 시리지만, 다른 한편으로 쉰을 넘긴 나에게도 같은 여자로서, 같은 인간으로서 작지 않은 위로와 힘을 안겨준다. 꿈과 순수함이 소녀의 모든 것은 아닐 거다. 강인함과 용기에 대한 소녀의 자각은 내게도 어전히 소중한 것이라고 생각하고 싶다.

　아직 네덜란드 암스테르담에 한 번도 가보지 않았다. 암스테르담은 이제 내게 화가 렘브란트와 소녀 안네가 살았던 곳으로 기억될 것 같다. 암스테르담에 가면 안네가 숨어 살던 '안네 프랑크의 집'에 꼭 찾아가고 싶다. 안네가 일기를 썼던 그 다락방에 올라가 명랑하고 당당한 소녀 안네를 기억하고 추모하고 싶다.

5.

메리 포핀스, 동화에서 걸어 나와 말을 걸다

책꽂이에 책들이 넘치자 바닥으로 내려와 쌓이기 시작했다. 두고볼 수 없어 정리를 하다가 구석에 숨어 있던 『우산 타고 날아온 메리 포핀스』(이하 『메리 포핀스』, 시공주니어 2003)를 발견했다. 아이가 어렸을 적 사준 동화책이다. 나는 초등학교 3학년 때인가 엄마가 외판원에게 샀던 어린이 문고로 처음 읽었다.

어린 시절의 나는 요즘 아이들보다 심심했던 것 같다. 해가 지면 밖에 나가기 어려워 텔레비전으로 어린이 방송을 보았다. 그리고 나서 너무 심심하면 문고판 동화책에서 아무거나 골라 방구석에 박힌 채 읽은 책을 읽고 또 읽었다. 『메리 포핀스』는 그 가운데 특히 자주 읽었던 책이다. 이 동화는 월트 디

즈니사가 줄리 앤드류스와 딕 반 다이크 주연의 뮤지컬 영화〈메리 포핀스〉로 제작하기도 했다.

『메리 포핀스』는 호주 출신의 영국 작가 패멀라 린든 트래버스Pamela Lyndon Travers가 1934년에 발표한 동화다. 1930년대 초반 런던을 시대적·지리적 배경으로 삼고 있다. 동화가 크게 성공을 거두자 트래버스는 1980년대까지 '메리 포핀스 연작'을 잇달아 발표했다. 우리에게는 첫 번째 『메리 포핀스』가 가장 유명하다.

어린 시절의 좋은 추억을 떠올리며 『메리 포핀스』를 읽어가다가 이내 그 시절로부터 아주 먼 길을 왔다는 걸 알아버렸다. 어렸을 때는 주인공 소녀와 소년인 제인과 마이클에게 감정이입을 했다. 메리 포핀스가 불러내는 마법에 마음을 빼앗기다가도 뭘 물어봐도 제대로 대답을 하지 않는 메리 포핀스가 불만이었다. 이제는 복잡한 어른들의 사정에 눈이 먼저 갔다.

메리 포핀스가 펼쳐놓은 마법의 나라

메리 포핀스는 뱅크스 부인에게 고용된 유모다. 그런데 뱅크스 부인의 기대대로 움직이지 않는다. 소개장도 없이 내키는 대로 오고, 고분고분하다기보다 '흥' 하고 콧방귀를 자주 뀌고, 쉬는 날은 본인이 정하고, 그러다 하늬바람이 부는 날에 인사도 없이 떠난다. 아이를 돌봐주는 사람이 그렇게 갑자기 그만두면 얼마나 난감한지 어린 내가 알았을 리 없었고, 메리 포핀스가 갑자기 떠난 게 슬프기만 했다.

메리 포핀스의 애인 버트는 성냥팔이 사나이다. 날씨가 좋으면 길바닥에 그림을 그리고 그림 구경 값을 받는다. 메리 포핀스를 만난 날은 고작 2펜스를 번다. 버트는 메리에게 점심 사줄 돈이 없다며 미안해하더니, 그럼 그림 속으로 들어가자며 메리 포핀스의 손을 잡아끈다. 푸른 들판에 선 둘은 어느새 멋진 옷을 차려입고, 나무 뒤에 있어 그림엔 보이지 않았다는 웨이터의 시중을 받으며 우아한 식사를 한다.

이건 현실의 반대편이다. 어른의 눈은 이 근사한 판타지에서 현실의 결핍을 본다. 고용인의 지시를 따라야 하는 피고용인 유모와 하루 벌어 하루 먹고사는 가난한 거리 화가가 품는 판타지로 읽으니 『메리 포핀스』는 서글픈 이야기가 되고 만다.

아무래도 작가인 트래버스가 가족을 먹여 살리기 위해 재봉사, 무용수, 배우로 닥치는 대로 일을 했다는 지은이 소개를 읽은 탓이다. 어려서 읽은 책에 그런 작가 소개가 있었는지는 기억나지 않지만, 읽었더라도 이런 기분은 아니었을 것이다.

책을 다시 읽으며 처음과 다른 경험을 하는 건 종종 있는 일이다. 책이 변해서가 아니라 보는 눈이 변해서다. 그렇지만 다 큰 어른이라 해도 책을 덮을 수가 없었다. 어렸을 때 정신없이 빠져 읽었던 장면들이 곧 가득 펼쳐졌다.

메리 포핀스는 제인과 마이클을 데리고 자신의 삼촌 집을 방문했다. 메리 포핀스의 삼촌은 제인과 마이클에게 공중에서 인사를 건넸다. 금요일과 생일이 겹치면 웃음 가스가 생기기 때문이었다. 웃음 가스에 전염된 제인과 마이클도 공중으로 떠올랐다. 메리 포핀스가 삼촌의 부탁으로 탁자와 케이크와 차를 공중으로 올렸다.

"이제 돌아갈 시간이야!" 메리 포핀스는 마법을 깨뜨리는 주문을 외쳤다. 그 순간 내 어린 시절이 떠올랐다. 어릴 적 동네 아이들과 골목에서 놀다 누군가의 엄마가 아이를 부를 때 깨졌던 즐거움과 똑같았다. 제인과 마이클은 바닥으로 털썩 떨어졌다.

생강빵을 사기 위해 메리 포핀스와 방문한 아주 이상한 가게 이야기도 어릴 적 나는 좋아했다. 가게는 어렸을 때 보았던 학교 앞 작은 문방구와 비슷했다. 낡고 작은 상자들이 놓여 있는 어두운 가게였다. 생강빵 가게에는 딸인 두 명의 아가씨들과 어머니인 할머니가 있었다.

제인과 마이클은 가게에서 사온 생강빵에 붙어 있던 별 모양 금종이들을 서랍장과 구두 상자에 소중하게 보관해놓았다. 한밤중에 메리 포핀스가 아이들 방에 몰래 들어와 무언가를 찾아 나갔다. 아이들은 잠이 깨어 창문으로 밖을 내다봤다. 그리고 놀라운 광경을 보게 됐다.

거기에는 생강빵 가게의 두 딸들이 사다리를 받치고 있었다. 사다리를 올라간 할머니가 하늘에 풀칠을 하기 시작했다.

메리 포핀스가 바구니에서 반짝거리는 것들을 꺼내 하늘에 붙였다. 아이들이 보관해 놓은 금종이 별들이었다. 고작 빵에 붙어 있던 종이별이 하늘의 별이 되다니 정말 동화책에나 나올 법한 판타지였다.

누구에게나 하늘의 별들만큼 소중한 어린 날의 보물들이 있기 마련이다. 예쁜 과자 깡통에 모으던 바닷가에서 주워온 조개껍데기, 알록달록한 유리구슬, 껌 종이에 있던 판박이 같은 물건들 말이다. 남들 보기에는 잡동사니지만 내게는 보물이었던 것들을 하나하나 꺼내보며 놀던 날들이 누구에게나 소중한 추억으로 남아 있을 거다.

현실을 뒤집어버리는 판타지는 동물원에서 절정을 이뤘다. 한밤의 동물원에는 우리에서 나온 동물들이 사람의 말을 하며 일을 하고 있었다. 인간 할아버지의 등에는 의자가 얹혀 있고 여덟 마리의 원숭이가 타고 있었다. 원래는 동물이 사람을 태운다는 제인에게 할아버지는 거짓말하지 말라고 했다.

이곳 짐승들은 모두 밀림의 자식들이고, 너희들은 도시의 자식들이지. 하지만 우리를 이루는 근본은 모두 똑같아. 머리 위의 나무, 발밑의 돌멩이, 새, 짐승, 별, 모두…. 우린 모두 하나이고, 모두 같은 곳으로 가고 있어. 얘들아, 이다음에 나를 잊게 되어도 이 사실만은 잊어서는 안 된다. 『메리 포핀스』, 195쪽

동물 나라의 왕인 인도 코브라가 혀를 날름거리며 제인과 마이클에게 하는 말이다. 트래버스는 인간과 동물의 자리를 바꾸는 것만으로 무엇이 훼손되고 있는지를 선명하게 보여준다. 동물원에서 훼손되고 있던 것은 모든 생명들이 누리는 각자의 동등한 우아함이다.

어른이 바라보는 동화의 나라

인도 코브라가 말을 하는 책을 읽은 아이들이라면 모든 생명에 깃든 각자의 우아함을 못 본 척하기는 어렵다. 어렸을 때 읽었던 많은 동화책의 주인공들은 사람이기도 하고 벌레이기도 하고 두꺼비이기도 했다. 또 사랑에 빠졌고 모험을 떠났고 기뻐했고 슬퍼했다. 『메리 포핀스』의 인도 코브라는 아이들에게 이 다음에 커서도 우리는 모두 하나이고 모두 소중한 존재라는 걸 잊지 말라고 당부한다. 그리고 그 아이들은 어느새 어른이 된다.

어른들은 잘 잊는다. 『메리 포핀스』에서 어른들은 재미있는 일들은 다 잊어버리고 재미없는 세계에서 살아간다. 다 잊어버린 게 어른들의 책임은 아니다. 어른으로서 변명을 하자면 살아내느라고 바빠서 잊었던 거다.

"몰랐어? 누구한테나 자기만의 동화의 나라가 있는 거야." 『메리 포핀스』, 37쪽

제인과 마이클에게 메리 포핀스가 한 말이다. 새삼 어른의 서글픈 눈이 부끄러워진다. 아이들을 돌보는 유모는 대단한 마법사로 세상에 모르는 게 없다. 가난한 거리 화가는 놀라운 세계를 품은 그림을 그린다. 푼돈을 받고 새 모이를 파는 할머니는 광장의 새를 모두 자기 치마 속에 재운다.

그러니 이 세상 그 누구도, 그 무엇도 허투루 보지 말 것. 대단한 세계를 품지 않은 삶은 없다. 어른들의 복잡한 세계에서 살아가더라도 이것은 잊지 말아야 한다는 게 『메리 포핀스』를 다시 읽었을 때 떠오른 소감이다.

스스로에게 질문을 던진다. 지금 내겐 나만의 동화의 나라가 아직 남아 있는 걸까. 오십이 훌쩍 지난 나이에 동화의 나라는 어떤 의미가 있는 걸까. 작가인 트래버스는 아이들만 아니라 어른에게도 동화의 나라에 대한 믿음을 잃지 말아야 한다고 말하고 싶었던 건 아닐까. 삶이 언제나 먹고사는 문제만은 아닐 거다. 그 이상의 무엇인가가 있기에 나이든 내가 다시 『메리 포핀스』에 빠져들었던 건 아닐까.

메리 포핀스라는 여성과의 만남

메리 포핀스의 두 정체성은 대단한 마법사와 당당한 유모다. 유모로서의 메리 포핀스는 고용주인 뱅크스 부인 앞에서도 당당하다. 뱅크스 부인이 소개장을 요구하자 자신은 그런

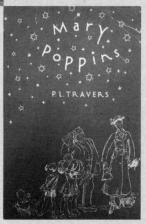

패멀라 린든 트래버스/
『메리 포핀스』 초판 표지

거 가지고 다니지 않는다고 무시해버린다. 뱅크스 부인이 삼 주에 한 번 세 시간의 외출 규칙을 내놓자 이 주일에 한 번 다 섯 시간씩으로 본인이 정해버린다. 어른의 눈으로 바라보는 메리 포핀스의 매력은 자신과 자신의 일에 대한 이러한 당당 함에 있다.

이 동화가 처음 발표된 것은 앞서 말했듯 1934년이다. 영화 가 만들어진 것은 1964년이다. 동화도 널리 알려졌지만 우리 에게 더 익숙한 메리 포핀스는 앞서 말했던 뮤지컬 영화〈메리 포핀스〉다. 나 역시 어린 시절 이 영화도 봤다. 영화에서 나오 는 딕 반 다이크, 쥴리 앤드류스 등이 부른 '침 침 체리'와 쥴리 앤드류스가 부른 '피드 더 버즈'는 아직도 기억에 남아 있다. 저자 트래버스는 영화〈메리 포핀스〉를 정작 달가워하지 않았 다고 하지만, 영화가 동화『메리 포핀스』를 더욱 유명하게 만 든 것은 사실이다.

동화를 다시 읽으며 자연스레 동화와 영화가 만들어진 시기 를 생각하게 됐다. 동화의 창작과 영화의 제작 시대를 주목하 는 까닭은 메리 포핀스라는 여성이 갖는 선구적 성격에 있다. 1930년대는 서구에서도 가부장주의가 여전히 위세를 떨칠 때 였고, 1960년대는 미국 여성운동가 베티 프리단 등이 이끌던 제2의 페미니즘 물결이 일어났을 때였다. 가부장주의를 거부 하려 했던 이들, 여성해방에 공감하고 있던 이들 모두에게 메 리 포핀스라는 가공의 인물은 매력적인 존재였다.

동화 속 메리 포핀스는 물론 페미니스트가 아니다. 그러나 메리 포핀스의 당당한 태도는 순종적 여성관과 처음부터 거리가 있었다. 저자 트래버스는 사회주의에 가까웠던 작가로 알려져 있다. 메리 포핀스와 같은 여성 노동자에 대한 따뜻한 시선과 곳곳에서 발견되는 자본주의 사회에 대한 날카로운 풍자는 동화『메리 포핀스』를 더욱 풍부하게 했다. 물론 동화는 동화이지만 말이다.

메리 포핀스에 대한 관심은 21세기에 들어와서도 계속 이어졌다. 뮤지컬 〈메리 포핀스〉가 공연되고, 1964년 영화 〈메리 포핀스〉 제작 과정에 대한 영화 〈세이빙 Mr. 뱅크스〉가 만들어지고, 영화 〈메리 포핀스〉의 25년 후를 다룬 영화 〈메리 포핀스 리턴스〉가 발표됐다.

이처럼 메리 포핀스에 관한 관심이 계속 이어져온 것은 바로 동화적 상상의 순수함과 메리 포핀스라는 인물의 당당함에 있는 것은 아닐까. 동화 속에서 걸어 나와 현실 속에서 당당한 여성으로 내게 말을 거는 메리 포핀스. 그를 다시 만나야 할 이유가 내게는 너무도 분명하다.

6.

테레자, 사랑의 무게를 견뎌내기

소설을 읽으면 주인공에게 감정을 이입한다. 함께 울고 웃는다. 그러다 그 감정이입이 갑자기 낯설게 느껴질 때가 있다. 주인공이 펼쳐 보이는 삶의 방식에 몰입하고 있었는데 갑자기 형편없는 여성관을 가진 마초인 게 드러나면, 이건 나 읽으라는 게 아니구나 하는 때가 있다.

비슷한 경우가 또 있다. 옛날에는 인간에 대한 깊은 통찰에 공감했던 게 분명했는데, 다시 읽어보면 남성 작가가 여성 주인공을 주체의 관점이 아니라 그저 타인의 관점에서 깊이 없이 썼구나 하는 걸 느꼈을 때다. 그래서인지 오래된 소설의 어떤 장면들은 이제 읽기가 불편하다. 독자인 내 눈과 생각이 변했기 때문이다.

소설은 허구의 이야기를 통해 삶의 진실을 드러낸다. 우리는 작가가 만들어낸 허구임을 뻔히 알고 있으면서도 그 가공의 인물이 만들어내는 사랑과 삶 이야기를 돌아보게 된다. 그리고 그 사랑과 삶의 현재적 의미를 숙고하게 된다. 오래전부터 알고 있던 소설 주인공들의 이야기를 다시 찾아 읽어보는 이유다. 여기서 만나는 주인공은 『참을 수 없는 존재의 가벼움』의 주인공 테레자다.

우연과 운명, 사랑의 두 얼굴

『참을 수 없는 존재의 가벼움』(민음사 2018)은 체코 출신 작가 밀란 쿤데라^{Milan Kundera}가 1984년 내놓은 소설이다. 영화 〈프라하의 봄〉의 원작 소설이기도 하다. 전통적인 소설 문법에서 다소 벗어난 이 작품은 포스트모더니즘 대표작 중 하나로 꼽히기도 한다.

제목만으로 수많은 패러디를 낳은 이 소설에서 쿤데라는 이야기가 현실과 닮아 있다는 걸 증명하려고 애쓰지 않는다. 그대신 소설 안에서 작가가 불쑥불쑥 나타나 이 이야기는 자신이 쓰는 소설이고 이 인물들은 만들어진 허구라는 걸 밝힌다.

현실과 환상의 경계도 모호하다. 현실과 꿈 가운데 무엇이 중요한지 우열을 가리기 어렵다. 또, 이 소설은 한 명의 주인공이 끌고가는 하나의 이야기가 아니다. 주요 등장인물은 여럿이고, 모두 자신들의 이야기를 이끌어간다.

여주인공 테레자는 보헤미아 작은 마을의 술집에서 일했다. 남주인공 토마시는 이혼한 외과의사다. 근무하던 병원의 과장을 대신해 보헤미아를 방문했다. 열차 시간이 남아서 테레자가 일하는 술집에 들어갔고, 우연히 테레자가 테이블 담당이었다.

열흘 후 테레자는 프라하에 있는 토마시의 집으로 찾아왔다. 둘은 잠자리를 가졌다. 그날 밤 독감으로 열이 펄펄 끓던 테레자는 일주일 동안 토마시의 집에 묵었다. 토마시는 잠든 테레자를 보며 그녀 곁에서 죽고 싶다고 생각했다. 그렇지만 그게 사랑인지 확신할 수 없었다. "Einmal ist keinmal(한 번은 없는 것과 같다)." 토마시가 되뇐 독일 속담이었다. 그에게 우연한 만남은 아무런 의미를 가지지 않았다.

변화를 시도한 것은 테레자였다. 테레자가 또다시 프라하로 왔다. 토마시는 테레자와 같이 역으로 가 엄청나게 무거운 테레자의 트렁크를 가지고 집으로 돌아왔다. 그때 토마시는 테레자가 그녀의 삶을 트렁크에 넣어 역에 잠깐 맡겨뒀다가 자기한테 주려는 것 같다고 생각했다.

이게 테레자와 토마시가 결혼을 하게 된 이야기다. 토마시가 일회성의 가벼움을 추구한다면, 테레자는 우연들 사이를 헤쳐 나가며 무거운 운명을 만들어낸다. 테레자의 어머니는 자신에게 구혼했던 남자 중 아홉 번째 남자와 결혼을 했다. 낙태해줄 의사를 찾지 못했기 때문이다. 테레자의 어머니는 자기 운명에 대한 책임을 테레자에게 돌렸다.

테레자는 속죄를 위해 열심히 일을 해야 했다. 어머니는 알몸으로 집을 돌아다녔다. 계부는 성적 집적거림으로 테레자를 괴롭혔다. 테레자가 주인공인 2부와 4부의 제목은 둘 다 '영혼과 육체'다. 영혼과 육체의 이원성은 지속적으로 테레자를 괴롭혀온 문제였다. 테레자는 육체를 중시했던 어머니와 다른 세계를 원했다.

술주정뱅이들 사이에서 술잔을 나르다 만난 토마시는 책을 펼쳐놓고 있었다. 책은 테레자가 저속한 세계에 대항할 수 있는 유일한 무기였다. 테레자는 그 순간 자신의 영혼이 그 남자에게 보이기 위해 튀어 오르는 걸 느꼈다. 테레자가 집을 뛰쳐나올 용기를 얻은 것은 토마시가 펼쳐놓은 책, 그에게 코냑을 가져갈 때 라디오에서 흘러나오던 음악 같은 거듭된 우연에서였다.

테레자와 토마시 모두에게 결혼의 대가는 컸다. 토마시는 많은 여자들과 관계를 맺었다. 그는 독점권을 내세우지 않는 관계가 두 사람 모두에게 행복을 줄 수 있다고 주장했다. 그런데 토마시는 테레자를 위해 이 원칙을 깨고 재혼을 선택했다.

육체와 영혼, 섹스와 사랑

1968년 '프라하의 봄'으로 알려진 체코의 민주화 운동이 일어났다. 이에 맞서 소련군이 체코를 침공했다. 테레자는 토마시의 여자친구 사비나가 소개한 주간지 출판사 사진부에서 일하게 됐다. 테레자는 소련군과 이에 저항하는 체코 시민들을 찍다가 체포됐다.

이때 스위스 취리히에 있는 한 병원 원장은 토마시를 염려해 의사 자리를 제안했다. 토마시는 테레자가 떠날 리가 없다고 생각하고 제안을 거절했다. 그런데 테레자는 떠나기를 원했다. 불행했기 때문이었다. 테레자에게 결혼의 대가는 지독했다. 토마시는 결혼 후에도 다른 여자들과의 에로틱한 우정을 계속 나눴다. 테레자는 토마시의 불륜을 상징하는 꿈을 반복해 꿨다.

취리히에서도 토마시의 자유분방한 삶은 바뀌지 않았다. 테레자는 몇 달 후 편지를 써놓고 프라하로 가버렸다. 토마시는 자유의 향기를 들이마시며 존재의 달콤한 가벼움을 느꼈다. 그런데 이틀 후 토마시는 테레자가 편지를 쓰던 때의 그 감정을 느꼈다. 동정심이 엄청난 무게로 토마시를 짓눌렀다.

결국 토마시는 테레자를 찾아 프라하로 돌아왔다. 화를 내는 병원 원장에게는 "그래야만 한다 Es muss sein"라는 베토벤 4중주의 마지막 악장 모티프로 대꾸했다. 토마시에게 프라하로 돌아온다는 건 이제 안전한 외국으로 나갈 수 없다는 걸 뜻했다. 우연한 만남은 무게를 점점 더했고, 이 결정은 이후 토마시의 삶을 흔들어놓았다.

테레자는 프라하로 돌아온 토마시의 잠자는 숨소리를 들으며 무한한 행복감을 느꼈다. 테레자와 토마시의 관계는 이제 역전됐다.

> 토마시는 그녀 때문에 돌아왔다. 그녀 때문에 그의 운명이 바뀌었다.
> 이제 그녀를 책임질 사람은 그가 아니다. 이제부터는 그녀가 그를
> 책임져야 한다. 『참을 수 없는 존재의 가벼움』 137쪽

테레자와 토마시의 결정적 차이 중 하나는 육체와 영혼의 관계에 대한 것이다. 육체와 영혼, 다시 말해 섹스와 사랑은 별개라는 게 토마시의 생각이었다. 테레자의 견해는 달랐다. 육체가 관계를 갖는 동안 육체의 심연에 유폐된 영혼이 누군가 불러주길 절망적으로 기다린다는 게 그녀의 생각이었다. 테레자에게 육체와 영혼, 섹스와 사랑은 둘이 아니라 하나였다.

토마시는 프라하에 돌아와서도 다른 여자의 냄새를 풍기며 퇴근했다. 프라하의 비밀경찰은 도청과 감시를 일삼았다. 테레자는 어머니와 함께 살았던 유년 시절을 집단수용소로 표현했다. 자신의 사생활이 박탈된 공간이었기 때문이다. 이제는 세상이 집단수용소였다.

남편의 바람기에 시달리면서도 그 남편을 떠나지 못하는 여자 이야기는 통속극의 단골 소재다. 그 따위 남자는 버리는 게 나을 거라고 생각하는 독자도 많을 것이다. 테레자의 선택은 달랐다. 테레자는 우연한 한 번의 선택에 담긴 운명적 의미를

밀란 쿤데라/
『참을 수 없는 존재의 가벼움』 프랑스어판 표지

받아들였다.

토마시를 운명으로 선택한 테레자는 행복했을까. 소설의 마지막에서 테레자는 토마시에게 시골에 갈 것을 제안했다. 뜻밖에도 이에 응한 토마시는 이제 영원한 휴가를 얻겠다고 결심했다. 테레자의 낙원은 거기에 있었다. 토마시가 만날 여자도, 경찰의 감시도 없었다. 소설은 테레자와 토마시가 마을 사람들과 함께 춤을 추고 난 뒤 호텔에 묵으면서 끝이 난다.

테레자의 사랑과 행복

그런데 시간순으로 보면 이게 끝이 아니다. 우리는 사비나의 서술을 통해 테레자와 토마시가 어느 날 트럭 사고로 죽은 것을 이미 알고 있다. 그러니 마침내 낙원과 같은 곳에서 행복해 보이는 삶을 살기 시작한 테레자의 다음과 같은 고백을 읽는 독자의 마음은 애틋해진다.

> 이 슬픔은 우리가 종착역에 있다는 것을 의미했다. 이 행복은 우리가 함께 있다는 것을 의미했다. 슬픔은 형식이었고, 행복이 내용이었다. 행복은 슬픔의 공간을 채웠다. 『참을 수 없는 존재의 가벼움』 506쪽

『참을 수 없는 존재의 가벼움』은 프리드리히 니체의 '영원한 회귀' 사상을 소개하며 시작한다. 영원한 회귀는 니체가

『차라투스투라는 이렇게 말했다』에서 펼친 생각이다. 니체에 따르면, 삶은 동일한 것들이 무한히 반복되는 것이다. 쿤데라는 니체를 따라 삶의 영원한 회귀가 그 영원성으로 인해 가장 무거운 짐이 되지만 동시에 순간순간의 삶은 찬란한 가벼움으로 자태를 드러낸다고 적고 있다.

쿤데라가『참을 수 없는 존재의 가벼움』을 통해 전하려는 의미는 바로 여기에 있을 것이다. 우리 인간에게 무엇이 찬란한 가벼움이고, 무엇이 무거운 짐일까. 육체와 영혼, 섹스와 사랑, 우연과 운명, 그리고 일회적 사건과 영원한 회귀의 대립으로 우리 삶은 이뤄져 있다. 그런데 그 대립은 처음부터 고정돼 있지 않다. 우연에 불과한 사건에 의미를 반복해 부여하면 필연의 영역에 도달한다.

테레자는 우연을 운명으로 받아들였다. 그는 영원한 사랑을 얻으려고 크고 작은 고통을 감내했다. 토마시가 가벼움의 상징이라면, 테레사는 무거움의 상징이다.『참을 수 없는 존재의 가벼움』에서 무거운 의미의 영혼은 가벼운 의미의 육체에 반복해 대비된다. 찬란한 가벼움이 넘치는 현대사회에서 무거운 짐을 견뎌내는 것은 고통을 수반한다. 토마시를 진정으로 사랑하기에 테레자는 기꺼이 그 고통을 인내하고, 설령 예기치 않게 이 세상과 작별했더라도, 그 인내는 토마시와의 평화롭고 행복한 사랑으로 끝나고 있다.

이 책 2부 6장에서 일루즈의『사랑은 왜 아픈가』를 통해 21

세기 사랑의 혼란스러운 모습을 살펴봤다. 『참을 수 없는 존재의 가벼움』역시 이 혼란의 사랑 이야기를 들려준다. 우리 시대에 사랑이 하나로 존재하지 않음을 쿤데라는 넌지시 전해준다. 토마시의 사랑도, 테레자의 사랑도 모두 사랑이다. 다양한 모습으로 나타나는 사랑에 대해 누구든 자신의 생각을 가지고 있다. 이때 어떤 사랑이 더 나은 사랑인지는 오늘날 단언하기 어렵다.

앞서 말했듯 테레사의 사랑은 통속극에 가깝다. 30여 년 전이 책을 처음 읽었을 때도, 쉰을 넘긴 다음 다시 읽었을 때도 그 느낌은 다르지 않았다. 변한 게 있다면, 통속극을 바라보는 나의 시선이다. 사랑은 본래 통속극인 동시에 통속극 이상인 것이다. 통속적인 것과 순수한 것은 그리 멀리 있지 않다. 통속극의 주인공 테레자가 다른 한편으로 순수하게 느껴지는 것은 사랑의 다양성을 인정해야 하는 21세기에 살고 있다는 자각 때문일 것이다.

테레자는 슬픔이 형식이고 행복이 내용이라고 말한다. 테레자에게 사랑의 형식은 슬픔이지만 그 내용은 행복이라는 의미일 터다. 슬픔 속에 존재하는 행복한 사랑을 어떻게 봐야 할까. 이러한 '고전적인' 사랑을 나로서는 여전히 동의하기 어렵지만, 테레자가 느끼는 행복은 이 혼란스러운 사랑의 시대에 복수複數의 사랑의 하나로서 의미가 있다고 볼 수 있지 않을까. 30여 년 만에 테레자에게 조금 더 가까이 다가서게 된 것 같다.

7.

티타, 일과 사랑, 모두를 위하여

사람들은 각자 살아가기 위해 자신의 불꽃을 일으켜줄 수 있는 것이
무엇인지 찾아야 합니다. (…) 자신의 불씨를 지펴줄 뭔가를 제때 찾
아내지 못하면 성냥갑이 축축해져서 한 개비의 불도 지필 수 없게
됩니다. 라우라 에스키벨, 『달콤 쌉싸름한 초콜릿』, 민음사 2004, 125쪽

　책장에서 멕시코 작가 라우라 에스키벨^{Laura Esquivel}이 1989
년 발표한 『달콤 쌉싸름한 초콜릿』을 꺼냈다. 포스트잇이 붙
은 페이지를 펼치니 밑줄이 그어져 있었다. 15년 전쯤 그은 줄
이다. 주인공 티타의 삶의 불꽃이 꺼져가고 있을 때, 그 불씨를
보살피던 브라운 박사가 한 말이다.

『달콤 쌉싸름한 초콜릿』은 라틴아메리카 '마술적 리얼리즘'의 전통에 놓인 소설이다. 마술적 리얼리즘이란 환상과 현실을 넘나드는 양식을 말한다. 한편으로는 흥미진진하지만, 다른 한편으로는 불편할 수 있다. 삶이 본래 환상과 현실을 오가는 거지만, 논리와 합리성을 중시하는 이들에게 환상이 지나치면 비현실적으로 느껴진다. 마술적 리얼리즘 이야기를 먼저 꺼내는 것은 이제 풀어놓을 소설의 줄거리에서 환상과 비약이 있더라도 너그럽게 읽어주길 바라는 마음 때문이다.

환상적인, 그러나 현실적인 소설

티타는 셋째 딸이자 집안의 막내였다. 태어난 지 이틀 만에 아버지를 잃었다. 그 충격으로 어머니 마마 엘레나의 젖이 말라버렸다. 부엌을 책임지던 나차가 자연 티타를 먹이는 책임을 맡았다. 티타에게는 요리 도구가 장난감이었고 음식 만들기가 놀이였다. 부엌이 티타에게는 세상의 전부였다.

이런 티타와 사랑에 빠진 페드로가 청혼하러 왔다. 마마 엘레나는 막내딸은 죽을 때까지 어머니를 돌봐야 한다는 집안 전통을 내세우며 이 결혼을 받아들이지 않았다. 그 대신 언니 로사우라와의 결혼을 제안했다. 페드로는 이 이상한 결혼을 받아들였다. 처음부터 이야기의 전개가 범상치 않다.

『달콤 쌉싸름한 초콜릿』은 1월부터 12월까지의 각 장에 요리 레시피 이름이 함께 붙어 있다. 6월의 성냥 반죽만 예외다. 2월의 요리는 페드로와 로사우라의 웨딩케이크였다. 티타는 울면서 180인분의 케이크를 만들었다. 이제 마술적 리얼리즘이 등장할 차례다. 웨딩케이크를 먹은 사람들은 모두 걷잡을 수 없는 그리움에 휩싸였다. 그리고 이내 토하기 위해 어딘가로 뛰어가야 했다.

3월의 요리는 '장미꽃잎을 곁들인 메추리 요리'였다. 이 소설에서 가장 신비로운 장면은 바로 여기다. 티타의 메추리 요리를 먹은 또 다른 언니 헤르트루디스는 온몸에 진땀을 흘리며 며칠 전 본 혁명군 장교를 떠올렸다. 헤르트루디스는 샤워장으로 달려갔다. 몸에서 뿜어져 나오는 열기로 나무판자로 만든 샤워실이 불길에 휩싸였다. 헤르트루디스는 벌거벗은 채로 뛰어나왔다. 그녀의 몸에서 뿜어져 나온 향기는 장밋빛 구름이 되어 전투 중이던 혁명군 장교를 휘감았다. 말을 타고 달려온 장교는 헤르트루디스를 태우고 어딘가로 떠나갔다.

티타의 삶에서 새로운 변화는 페드로와 로사우라 사이에 태어난 아기와 함께 시작됐다. 로사우라의 진통이 시작됐을 때 우연히 티타 혼자만 집에 남아 있었다. 티타는 출산에 대해 아무 지식도 경험도 없었지만 아기를 받았다. 로사우라는 젖이 나오지 않았다. 이상하게도 티타의 젖이 나와 아기는 그 젖을 먹고 컸다. 티타는 페드로의 도움으로 몰래 젖을 물려 키운 조카를 자기 자식처럼 사랑했다.

4월의 요리는 아몬드와 참깨를 넣은 칠면조 몰레였다. 조카의 세례식 축하 파티를 위해 티타가 정성껏 만든 요리였다. 모두가 파티로 즐거워하고 있을 때, 마마 엘레나가 페드로와 티타가 은밀한 눈길을 주고받는 걸 보게 됐다. 마마 엘레나는 페드로와 로사우라와 아기를 멀리 보내겠다는 계획을 내놓았다. 하지만 티타로부터 멀어진 아기는 무엇을 먹여도 탈이 났고, 결국 세상을 떠났다.

티타에게 조카의 죽음은 큰 충격이었다. 티타는 마마 엘레나가 아기를 죽인 거라며 울부짖더니 지붕에 있던 비둘기장으로 올라가버렸다. 다음 날 비둘기장에서 발견된 티타는 넋이 나가 있었다. 마마 엘레나는 티타를 정신병원에 보내기 위해 브라운 박사를 불렀다.

맨 처음 인용한 글은 브라운 박사가 자신의 집으로 데려온 티타에게 한 말이다. 브라운 박사는 차가운 입김을 가진 사람들에게서 멀리 떨어져 있어야 한다고 말했다. 축축해진 성냥갑을 말릴 수 있는 방법은 아주 많다고, 그렇지만 성냥을 하나씩 켜지 않으면 영혼이 육체를 남겨두고 떠나갈 것이라고, 주의와 격려가 섞인 충고를 했다.

티타는 서서히 회복하기 시작했다. 마마 엘레나의 집에서 일하던 여성이 만들어온 7월의 소꼬리 수프를 먹은 티타는 평소의 모습을 되찾았다. 티타는 브라운 박사의 청혼을 받아 약혼했다. 자신을 괴롭혀온 마마 엘레나가 세상을 떠나자 티타를 속박할 건 아무것도 없었다.

티타는 페드로의 곁에서 느꼈던 불안과 고통이 아니라 브라운 박사에게서 느끼는 평화와 안정감이 진정한 사랑이 아닐까 생각했다. 티타를 젖은 성냥갑처럼 만든 건 마마 엘레나의 폭력만이 아니었다. 페드로의 비겁함과 이상한 선택도 그 못지않았다. 페드로는 브라운 박사와 결혼을 약속한 티타와 처음으로 잠자리까지 했다. 티타의 인생에 도움이 되지 않는 인간이었다.

언니 헤르트루디스의 생각은 달랐다. 헤르트루디스는 이런저런 경험을 겪은 후 혁명군에 들어가 여장군이 되어 집으로 돌아왔다. 혁명군 장교와 결혼까지 했다. 헤르트루디스는 티타에게 페드로와 티타의 사랑이 자신이 본 가장 진실한 사랑이라고 말했다. 두 사람이 진실을 묵과하는 실수를 범했으나 어머니까지 세상을 떠난 마당에 더 이상 그러지 말라는 거였다.

페드로와의 관계 후 티타의 배는 임신한 것처럼 불러왔다. 티타는 마마 엘레나가 저승에서라도 저주를 내릴 것 같아 불안에 휩싸였다. 페드로가 창문 아래로 와 사랑 노래를 부르자 죽은 마마 엘레나가 방으로 들어와 티타의 정숙하지 못함을 비난하고 지옥으로 떨어질 거라는 저주를 퍼부었다. 그때 티타는 외쳤다.

나는 나예요! 원하는 대로 자기 삶을 살 권리를 가진 인간이란 말이에요. 제발 날 좀 내버려둬요! 더 이상은 참지 않을 거예요! 나는 어머니를 증오해요! 항상 증오해왔다고요! 『달콤 쌉싸름한 초콜릿』 210쪽

티타는 마마 엘레나에게 오랫동안 하지 못한, 해야 했던 말을 했다. 티타가 마마 엘레나의 억압에서 벗어나는 순간이었다. 티타가 어머니에 대한 증오를 쏟아내자 마마 엘레나는 사라져 조그마한 빛이 되었다. 배의 부기가 가라앉고 생리가 시작됐다. 티타는 비로소 임신의 공포에서도 벗어났다. 티타는 로사우라에게도 사랑하는 두 사람 사이에 끼어들지 말라고 맞섰다.

티타가 삶을 찾아가는 여정

티타의 선택은 의외였다. 티타는 브라운 박사와 결혼하지도, 페드로의 곁을 차지하지도 않았다. 티타는 자신을 평생 괴롭힌 결혼 제도 자체를 벗어나버렸다. 12월의 호두 소스를 끼얹은 칠레 고추 요리는 결혼 제도 등을 포함한 관습과 전통에 대한 승리의 요리다.

언니 로사우라는 어머니 마마 엘레나처럼 딸 에스페란사를 전통의 속박에 묶으려 했다. 결혼하지 않고 평생 자기를 돌봐야 한다고 주장했다. 티타는 자신을 지금까지 괴롭힌 그 굴레에서 에스페란사를 구하려고 했다. 로사우라는 에스페란사가

평생 자기를 돌봐야 하기 때문에 교육은 필요없다고 생각했다. 이에 티타는 로사우라를 설득해 에스페란사를 교육시켰다. 브라운 박사의 아들과 에스페란사가 사귄다는 것을 알고는 이를 반대하는 로사우라와 필사적으로 싸웠다. 로사우라는 그 와중에 세상을 떠났다.

티타가 에스페란사의 결혼식을 위해 준비한 칠레 고추 요리는 그 어느 때보다 맛있었다. 결혼식이 끝나고 모두 떠난 농장에서 티타는 페드로와 사랑을 나눴다. 그러고 나서 페드로가 먼저 세상을 떠났다. 티타는 브라운 박사가 선물한 성냥을 하나씩 삼켰다. 페드로와 함께한 격렬한 추억들과 성냥의 인이 불을 일으켰다. 농장은 일주일 동안 불꽃을 뿜었다. 이렇게 티타는 자신의 삶을 마감했다.

소설 『달콤 쌉싸름한 초콜릿』과 1992년 만들어진 동명의 영화는 모두 성공을 거뒀다. 현실과 환상을 오가는, 여성의 사랑과 성 그리고 요리를 넘나들며 전개되는 이야기는 소설 읽는 재미를 한껏 안겨줬다. 어떤 이들은 이 작품을 '요리문학'이라 부르기도 했다. 각 요리마다 상세한 레시피를 덧붙여 독자들의 흥미를 더했다. 음식과 요리, 부엌을 앞세워 여성의 삶에 대한 새로운 해석을 시도했다는 점에서 개성 있는 페미니즘 문학으로 평가되기도 했다.

주인공 티타는 자신도 사람이라고 부르짖기까지 참 먼 길을 걸어왔다. 어머니를 돌봐야 하는 막내딸이기 전에 독립적인

라우라 에스키벨/
『달콤 쌉싸름한 초콜릿』영어판 표지

개인이었다. 누구나 자신의 운명을 스스로 결정할 권리가 있다. 티타의 삶은 이 권리를 찾아가는 긴 여행이었다. 누구나 단숨에 삶이 온전히 자신의 것이 되지는 않는다. 티타 역시 마찬가지였다. 브라운 박사와의 만남, 어머니 마마 엘레나와 언니 로사우라의 죽음, 조카 에스페란사의 결혼 그리고 페드로와의 진정한 사랑의 자각이라는 삶 전체를 걸고서야 자기 인생의 주인공이 될 수 있었다.

노동으로서의 요리, 그리움으로서의 요리

이 소설에서 내가 주목하고 싶은 또 하나의 이야기는 티타의 노동이다. 아무도 여분의 인간은 아니어야 한다. 누구도 요리를 하고 청소를 하고 누군가를 씻기는 일을 하느라 자신의 인생을 살지 못하게 강요하면 안 된다는 말이다. 티타의 경우가 극단적이긴 하지만 여자들은 이런 집안일과 돌봄노동 같은 무급 노동에 오랜 세월 익숙해져야 했다.

캐럴라인 크리아도 페레스의 책『보이지 않는 여자들』(웅진지식하우스 2020)에 따르면, 전 세계적으로 여성은 무급 노동의 75%를 담당한다. 여성이 점점 더 많은 유급 노동에 참여하는 추세지만 남성이 무급 노동에 참여하는 비율은 크게 증가하지 않고 있다. 고학력 여성은 좀 낫지 않을까 싶지만, 남녀 과학자 간 무급 노동량을 비교한 2010년 미국 논문을 보면 그렇지도 않다. 남성 과학자의 무급 노동 시간은 여성 과학자의 절반밖에 되지 않았다. 오스트레일리아의 한 연구에 따르면, 싱글여성과 싱글남성의 집안일 시간은 비슷했다. 그런데 여성과 남성이 동거를 시작하면 여성의 가사노동 시간은 증가하고 남성의 가사노동 시간은 감소했다. 취업 여부와는 관계가 없었다.

우리나라의 경우는 어떨까. 2023년 서울연구원이 발표한 자료에 따르면 서울 맞벌이 가정에서 여성의 가사 · 자녀 돌봄은 하루 3.4시간으로 남성(1.8시간)의 거의 두 배였다. 유급 노동은 무급 노동을 기반으로 가능하다. 일터에 나가 남의 돈을 받는 일을 하려면 집으로 돌아와 쉬고 먹고 스스로와 가족을 돌봐야 한다는 말이다. 남성과 여성의 권력 차이는 이 무급 노동의 분배를 지배한다.

무급 노동은 하찮아서 여자에게 주어진 걸까, 여자들이 해서 하찮은 일이 된 걸까. 아무도 적절한 가치를 부여하지 않는다고 해서 이 무급 노동이 하찮은 걸까.『달콤 쌉싸름한 초콜릿』을 읽으며 가장 많이 든 생각이다. 집에서 스스로와 가족을 돌보는 것도 사회로 나아가 일해서 돈을 벌고 경력을 쌓아가는 것만큼 중요한 일이다. 티타가 정성과 솜씨를 다해 만들어 내는 요리가 헤르트루디스가 벌이는 전투보다 하찮은 일은 아닐 것이다.

『달콤 쌉싸름한 초콜릿』은 이러한 문제들에 대한 응답을 들려준다. 응답하는 사람은 에스페란사의 딸이다. 신혼여행에서 돌아온 에스페란사는 불탄 농장의 잔해에서 티타의 요리책을 찾아냈다. 시간이 한참 흘러 에스페란사의 딸은 돌아가신 엄마가 만든 음식의 냄새와 맛, 음식을 준비하며 나누었던 대화, 엄마가 해주었던 크리스마스 파이가 너무나 그립다고 추억한다. 농장이 사라지고 혁명군은 역사에 남았지만, 이 그리움은 구체적인 음식으로 남아 있다.

우리말 제목『달콤 쌉싸름한 초콜릿』의 원제는 '초콜릿을 끓이는 물처럼Como agua para chocolate'이다. 참을 수 없을 정도로 끓어오른 감정의 상태를 지칭한다. 삶이 언제나 극적으로 달궈지는 건 아니다. 그러나 폭발할 것 같은 열정의 힘이 삶을 끌고 간다. 그 열정으로서의 삶 안에는 사랑, 욕망, 요리, 추억, 그리움이 모두 담겨 있고 살아 있다.

티타는 열정에 자신의 삶 모두를 바쳤다. 그 열정에 이르는 과정은 자아의 독립으로 나아가는, 요리와 같은 일상과 함께 걸어가는 길이었다. 일상과 노동과 함께 가는 독립과 완성의 길. 이 길은 여성에게, 아니 우리 인간 모두에게 포기해서는 안 될 도정道程이다.

8.

기숙, 자기 이름으로 기억되는 엄마

　우리나라 소설을 꽤 읽었다. 그 소설에는 다양한 어머니가 등장한다. 어머니는 자식에게 모든 걸 내주는 존재거나 세속의 가치를 대변하는 존재다. 또 너른 품이 한없이 그리운 존재거나 가부장제에 애처롭게 시달리는 존재다. 그런데 박완서 작가의 『엄마의 말뚝』(세계사 2012)말고는 딱히 어머니의 이름이 기억나는 소설이 없다. 이 작품의 마지막은 어머니 이름이 '기숙'임을 밝히며 끝난다. 이렇게 이름을 남기는 의도는 무엇이었을까.

'신여성'으로서의 삶

어머니는 젊어서 남편을 잃었다. 딸인 화자話者의 낙원이었던 고향, 경기도 개풍군 박적골에서였다. 어머니는 도시의 양의사에게 돈 들여 수술시키면 병든 남편을 살릴 수 있음을 알고 있었지만, 그렇게 못했다. 결국 그는 아들은 어떻게든 성공시켜보겠다고 바느질 솜씨 하나에 기대 서울로 떠났다.

어머니는 서울의 가난한 동네에서 삯바느질을 하며 아이들을 키웠다. 매일 장작을 한두 단씩 사다 때야 했다. 눈 쌓인 산동네 비탈길을 오가야 하는 일이었다. 아들은 자기가 하겠다고 나섰지만, 어머니는 받아들이지 않았다. 장차 공부 잘해 큰일을 하고 큰돈을 벌어 효도하라는 거였다.

그런 아들을 전쟁에 잃었다. 아들은 의용군으로 입대했다가 탈출해 집안에 숨어 있었다. 집에 들이닥친 인민군에 의해 발각돼 총상을 입고 죽었다. 어머니는 가매장했던 아들 유골을 화장해서 개풍군이 보이는 강화도 북쪽 바닷가에서 뿌렸다. 딸은 어머니의 이런 행동이 모든 걸 빼앗아간 분단이란 괴물에 항거하는 것이라 해석한다.

이 장면은 우리 소설사에서 분단문학의 높은 경지를 보여주는 광경으로 읽혀왔다. 개인의 삶은 역사 안에 내던져지고, 역사의 비극은 개인의 비극으로 나타난다. 바람에 날리는 뼛가루는 그 비극에 굴복하지 않으려는 개인의 처절한 의지였다.

그런데 아들의 뼛가루를 날리는 어머니 '기숙'은 과연 어떤 사람일까. 기숙을 분단 문제에만 가둬두는 것은 옳지 않다. 기숙은 자기 자리에서 자신의 방법으로 인생을 개척해나간 사람이다. 그러니까 인생의 답은 서울에 있을 거라고 믿고 그 서울에 말뚝을 세워나간 인물이다.

딸을 서울로 데려가던 어머니가 딸의 귀에 속삭인 건 '신여성新女姓'이었다. 사실 어머니는 신여성을 잘 알지 못했다. 어머니는 딸이 도대체 뭔지 몰라 하니 서울로 가는 기차에 타고 있는 여자들을 가리키며 설명해나갔다. 히사시까미(긴 머리카락을 자른 후 비녀를 꽂지 않고 앞머리와 뒷머리를 둥글게 말아 올려 고정시킨 헤어스타일)로 빗은 머리, 통치마, 뾰족구두, 한도바꾸(핸드백) 같은 게 신여성의 표식이었다.

> 신여성이란 공부를 많이 해서 이 세상의 이치에 대해 모르는 게 없고 마음먹은 건 뭐든지 마음대로 할 수 있는 여자란다. 『엄마의 말뚝』
> 34쪽

어머니의 답변이었다. 어마어마하다. 세상에 모르는 게 없고 마음먹은 것은 뭐든지 할 수 있다니. 시골에는 없는 것, 자신은 할 수 없던 것, 이 세상에 없는 것이었다. 신여성을 향한 꿈은 얼마나 힘이 센지 시부모를 이기고, 딸도 이겼다. 기어이 어머니는 딸을 데리고 서울로 올라왔다. 어머니는 본래 신여성과

거리가 멀었다. 신여성은 어머니에게 없는 무언가를 가진 사람이다. 그래서 이제 어머니가 원하는 건 딸을 신여성으로 만드는 거였다.

시부모의 반대는 아들을 데리고 나갈 때보다 격렬했다. 남자인 손자를 대처大處에 데리고 나가 어떻게든 성공시켜야겠다는 며느리의 결심에는 희망까지 걸 수 있었다. 하지만 시부모는 여자인 손녀를 신여성으로 만들겠다는 며느리의 결심에는 동의하지 않았다. 어머니는 아들의 성공을 위해 헌신했을 뿐 아니라 딸에게까지 성공을 기대했다. 아들의 성공을 위해 딸들에게 희생을 강요했던 기성의 가부장주의와는 다르다. 자식의 성장에는 부모의 기대가 필요하다. 그 희소한 자원을 어머니는 딸에게도 나눠줬다.

하지만 딸은 생각이 달랐다. 딸은 오빠가 성공이란 올가미에 걸려 낙원과 같은 박적골을 떠났다고 생각했다. 대처가 자신에게는 신여성이란 올가미를 씌웠다고 봤다. 딸은 자신을 무언가로 만들려는 올가미가 무서웠다.

딸은 긴 다홍치마, 자주고름 달린 노랑 저고리, 꽃신을 원했다. 차림새부터 마음에 들지 않은 신여성이 되고 싶지 않았다. 시부모도 정든 손녀를 곁에 두고 싶었다. 무슨 돈으로 여자애를 공부시키느냐고 펄쩍 뛰었다. 어머니는 딸의 긴 머리를 잘라 단발머리로 만들어놓아 딸과 시어머니의 기를 단숨에 꺾어버렸다.

어머니는 딸을 서울 사대문 안을 뜻하는 '문안 학교'에 입학시키려고 노력했다. 어머니에게 '문안'과 '문밖'은 중요했다. 어머니는 사대문 밖 사람들을 '상것' 취급했지만, 정작 자신도 문밖에 살아 '문밖 의식'이란 모순적 열등감에 시달렸다. 그래서 딸을 문안 학교로 보내려고, 성공하기 전에는 만나지 않을 거라 결심했던 친척을 찾아다녔다. 쉬운 일이 아니었다. 딸은 선생님 앞에서 말할 친척집 가짜 주소를 외워야 했고, 아이들 생간을 꺼내 먹는 문둥이가 있다는 산등성이를 넘어 학교를 다녀야 했다.

어머니는 기어코 서울에 집을 사 말뚝을 박았다. 독립문 옆 현저동 꼭대기인 문밖에서였다. 말뚝은 집, 다시 말해 존재가 거처하는 공간을 은유한다. 어머니는 새로 장만한 집을 고치고 다듬으며 흐뭇해했지만, 동시에 자신이 살고 있는 동네를 문밖이라고 업신여겼다. 어머니는 딸을 동네 아이들과 떼어 놓으려 했고, 딸은 동네에서도, 학교에서도 친구를 사귈 수 없었다.

딸은 어머니가 추구한 성공에 온전히 동의하지 않았다. 어머니가 벗어나려던 박적골 편에 가 있었고, 동네 사람을 문밖 사람이라고 상것들로 부르는 어머니에게 불편함을 느꼈다. 그럼에도 딸은 자신 안에 어쩔 수 없이 존재하는 '문밖 의식'을 비판적으로 돌아본다. 이 연작 소설에서 가장 빛나는 부분이다.

엄마로 산다는 것

이제 딸도 자신의 가정을 이뤘다. 딸은 집에서 일어난 불상사는 모두 자신이 집을 비운 사이, 바깥 재미에 빠져 집 생각을 한 번도 안 할 때 일어난다고 믿었다. 그럴 때마다 섬뜩함이 찾아왔다. 한참 재미에 빠져 방심하다 섬뜩한 느낌이 들며 정신을 차리는 것이었다.

> 나는 그 섬뜩함 자체를 사랑했다. 그 섬뜩함은 일순 무의미한 진구덩의 퇴적에 불과한 나의 일상, 내가 주인인 나의 살림의 해묵은 먼지를 깜짝 놀라도록 아름답고 생기 있게 비춰주기 때문이다. 『엄마의 말뚝』, 88쪽

이처럼 그 섬뜩함에 대해 딸이 갖는 감정은 복합적이다. 분명 나쁜 일에 대한 예감일 텐데, 그날이 그날 같은 무의미한 일상에 역설적으로 빛을 비춘다고 표현했다. 권태가 행복처럼, 먼지가 금가루처럼 빛나는 뜻밖의 삶의 축복이라고까지 여겼다. 나만 없어 봐라 같은 공갈을 하며 살림의 종신 집권을 한다고까지 했다.

어머니가 자식들의 성공을 위해 자신을 돌보지 않고 일했다면, 딸은 일상에서 스스로가 주인이 되는 자신의 삶을 소중히 여겼다. 어머니가 '당위로서의 삶'을 추구했다면, 딸은 '존재

박완서/
『엄마의 말뚝』표지

로서의 삶'을 내세웠다. 그런데 당위로서의 의무와 존재로서의 자유는 포기할 수 없는 삶의 두 가치가 아닐까.

어쩌면 소설의 뒷면, 소설에 쓰이지 않은 순간들에 어머니는 잠시의 여유를 즐겼을지도 모른다. 딸이 안 볼 때, 아이들이 다 자고 주위가 고요할 때, 어머니는 자신을 돌보는 시간을 가졌을 거다. 그때 자아가 숨 쉴 조그마한 틈을 찾아냈을지 모르겠다. 그랬으면 좋겠다.

『엄마의 말뚝』세 편은 각각 1980년, 1981년, 1991년에 나왔다. 그 후로 40년이 흘렀다. 아이들을 위해, 가족을 위해 모든 것을 희생하는 모성이란 지나간 옛날이야기다. 그렇지만 여전한 신화다. 신화는 시간을 뛰어넘는다. 시간의 구속을 받는다면 그건 신화가 아니다. 이만큼 하는 어머니가 있으니 그 딸도 이 정도는 할 수 있는 것 아닌가. 신화인 줄 알면서도 그 신화를 여기의 삶에서 이루기 위해 자신도 모르게 노력한다. 그게 신화의 힘이다.

외부의 압박보다 더 강력한 게 내부의 압박이다. 신화는 은근슬쩍 내면으로 기어들어와 어찌하기 어려운 죄책감을 만들어낸다. 이런 방식으로 모성의 신화는 모든 어머니의 신화가 되고, 거부하기 어려운 '자기 착취'가 된다. 오늘날 모성이 처한 그늘이다.

우리 사회에서 사회생활과 육아를 병행하기란 참 어렵다. 나의 어머니는 9년을 교직에 몸담다 그만두셨다. 둘째 아이를 낳고 얼마 되지 않아서였다. 언젠가 어린 나를 붙잡고 올해가 그만둔 지 10년째인데 이제는 학교로 돌아가지 못할 것 같다고 아쉬워하셨다. 나도 어렸지만 그때 동생들은 더 어렸다. 어머니가 내게 나눠줬던 기대만큼 해냈으면 좋았을 텐데 그렇게 못했다. 나 역시 아이 키우고 살림하느라 상당한 시간을 보냈고, 사회에는 내가 돌아갈 자리가 없었다.

엄마들도 사람인데 엄마 노릇이 인생을 다 걸 만큼 어려운 거라면 쉽게 마음먹을 일도 아니다. 엄마들에게 미뤄놓았던 돌봄노동을 어떻게든 덜어줘야 엄마들도 죄책감에서 벗어나 숨을 쉴 수 있을 거다. 그렇게 엄마들이 자신을 위한 시간을 갖고 사회에서 자신의 몫을 해낼 수 있게 해주면 얼마나 좋을까. 경제협력개발기구 꼴찌라는 출산율을 높이기 위해서라도 모성에 지운 짐을 덜 방법을 당장 내놓아야 한다. 그 맨 앞에 육아와 가사에 있어서의 남녀평등이 놓여 있는 건 분명하다.

자신의 이름으로 편안하게 눕기

생전의 어머니는 깔끔한 대신 차가운 분이어서 한 번도 그렇게 곰살궂게 군 적이 없었음에도 불구하고 어머니의 생애만큼 먼 옛날의 작명이 나에게 그런 위무를 해주고 있었다. 어머니의 함자는 몸 기己 자, 잘 숙宿 자여서 어려서부터 끝 자가 맑을 숙 자가 아닌 걸 참 이상하게 여겼었다." 『엄마의 말뚝』, 174쪽

연작 세 번째 편의 마지막에서 딸이 어머니의 산소를 보고 떠올리는 생각이다. 어머니는 신여성이 아니었지만 차가운 분이었다. 그에 대한 기억이 외려 따뜻하게 느껴지는 건 왜일까. 살아내려다보니 곰살궂기보단 냉정해야 했다. 딸은 비로소 차가움 안에 있는 따뜻함을 발견하게 됐다고 나는 읽고 싶다.

어머니는 생전에 오빠와 똑같이 화장을 해서 그때 그 자리에 뿌려달라고 했다. 아들의 뼛가루를 뿌리는 행위가 분단이라는 괴물을 거역할 유일한 수단이었다면 어머니의 마지막 소원을 들어드리는 게 맞다. 그런데 아들을 앗아간 분단만 괴물인가. 어머니는 살아오면서 얼마나 많은 괴물과 맞닥뜨렸을까. 먹고 사는 데 부딪히는 온갖 악다구니들 역시 괴물이었을 거다.

오빠의 아이인 조카는 할머니, 그러니까 '나'의 어머니의 평범한 장례를 원한다. 딸은 조카의 방식에 못 이기는 척 동의한다. 엄마, 엄마의 고단한 삶을 여기서 접으세요. 소원을 안 들어드리려고 그런 게 아니에요. 엄마는 충분히 열심히 사셨어요. 이제 엄마 이름의 의미대로, 여기 저희가 마련한 땅에 편안히 몸을 누이셔도 돼요. 어머니를 떠나 보내드리는 딸의 심정은 이랬을 터다.

이 광경을 지켜보는 나도 위안을 받는다. 어머니가 인생을 마무리하는 순간까지 고단해야 한다면 그건 너무 억울하다. 마지막 순간만이라도 자신의 이름을 찾고, 그 이름을 새긴 말뚝 아래 평화롭게 잠든다는 생각만으로도 한결 편안한 심정이 된다.

이 땅에서 살아가는 어머니라면 그 누구라도 삶의 존재와 당위가 안겨줄 수 있는 두 기쁨을 모두 누릴 자격이 있다. 박완서의 어머니도, 나의 어머니도 모두 그러하다.

9.

김지영, 여성으로 살아간다는 것은

이게 과연 허구의 소설 맞나. 자주 이런 생각을 하며 읽었다. 소설가 조남주가 2016년에 발표한 『82년생 김지영』(민음사) 말이다. 소설을 읽으며 지나온 내 삶이 문득문득 떠올랐다. 1982년생이면 나보다 열두 살 어린데도 어느 한 부분 공감 안 가는 데가 없었다. 내가 겪었던 일들을 '김지영' 역시 마주했다. 아이를 낳고 키우면서 생전 처음 겪는 낯선 일이 너무 많았다.

그렇게 닥치고서야 아는 일들을 『82년생 김지영』은 여섯 개의 시간대로 나눠 조목조목 정리한다. 여성학자 김고연주는 해설에서 특수성이 아닌 보편성을 추구하는 게 이 소설의 특징이라고 썼다. 정말 그랬다. 주인공 김지영은 독특한 개인이 아니다. 한국 사회에서 여성이 생애주기마다 맞닥뜨리는 문제를 그대로 보여주는 보편적 개인이다.

보편성에 대한 공감대는 해외에서도 마찬가지였다. 『82년생 김지영』은 2016~2020년 해외에서 가장 많이 팔린 한국문학 작품이다. 10개 언어권에서 30만부 이상 팔렸고, 특히 일본에서는 20만부 이상 팔렸다.

'여자'라는 꼬리표

여자들이 모두 동일한 일을 겪고 자라진 않는다. 1970년생인 나와 1982년생인 김지영 간에는 12년의 시간 차가 있다. 그리고 아직도 수많은 '김지영들'은 그와 같으면서도 다른 일들을 겪고 있다. 이 소설은 1982년생을 특정해 한국 사회 여성의 보편적 삶에 접근하려고 노력한다.

1980년대로 돌아가보면, 여성은 태어나기 전부터 차별을 겪었다. 1970~80년대를 거치며 성비 불균형이 심각해졌다. 이게 얼마나 잔인한 이야기인지는 김지영의 어머니가 보여준다. 불균형에는 죽음이 동반된다. 김지영과 그의 언니를 낳은 어머니는 남자아이를 낳기 위해 뱃속 여자아이를 낙태해야 했다. 막내는 남자아이였기 때문에 살아남았다. 김지영이 초등학교를 다녔을 때 전국에서 여자 반장은 절반이 되지 않았다. 1970년생인 나는 남학생 중에서만 반장을 뽑는 투표를 했다. 교육

현장에서 남녀차별이 아무렇지도 않게 행해졌던 것이다.

> 이제 여자니까 공부를 못하거나 덜 배워도 된다고 생각하는 부모는
> 없는 듯했다. (…) 하지만 결정적인 순간이면 '여자'라는 꼬리표가 슬
> 그머니 튀어나와 시선을 가리고, 뻗은 손을 붙잡고, 발걸음을 돌려놓
> 았다. 『82년생 김지영』 72쪽

그래도 세상은 변했다. 김지영의 어머니는 초등학교만 마치
고 공장에 다니며 오빠들 뒷바라지를 했다. 외삼촌들이 번듯
하게 자라도록 돕고 나서야 어머니는 중학교 졸업장을 받고
검정고시로 고졸 학력을 얻었다. 김지영의 언니가 대학 진학
을 계획할 때는 어머니 같은 희생을 요구받지는 않았다. 외환
위기로 공무원인 아버지의 일자리가 불안하고 어린 동생이 둘
이 있는 상황이었다. 어머니는 지방의 교육대학을 권했다. 등
록금이 싸기도 했지만 교직이 애 키우기 좋은 직장이라는 게
이유였다.

하지만 언니의 꿈은 PD였고 관련 학과로 진학할 계획을 세
우고 있었다. 이미 여자라서 못 할 게 있다고 생각하지는 않는
사회 분위기였다. 미래 설계에 결혼하고 아이 낳는 걸 고려하
지 않았던 언니는 어머니의 조언을 받아들이기 어려웠다. 언
니가 1999년에 스무살이었으니 1990대 후반의 일이었다. 펄펄
뛰던 언니는 결국 교대에 들어갔다.

『82년생 김지영』에 나오는 인물들은 보통 사람들이다. 욕망으로 달려가다 자신의 삶을 파괴하지도, 세상과 불화해 보통 사람의 삶의 경로에서 벗어나지도 않는다. 그때그때 자신의 욕망과 세상의 요구를 적절한 수준에서 타협하는 순한 사람들이다. 억울한 일을 당해도 어떻게든 자신의 삶을 꾸려나간다.

김지영 역시 마찬가지였다. 남자 동기들과의 임금격차와 업무 차별에 당황했지만 어렵게 취직한 회사에서 열심히 일했다. 사랑하는 사람을 만나 결혼했다. 시어른들은 아이를 낳으라고 압박했다. 출산을 생각하자 직장생활을 계속할 수 있을지, 아이는 어떻게 돌볼지 고민이 시작됐다. 많은 고민을 하고 남편과 상의해봤지만 뾰족한 답은 없었다. 결국 아이를 낳기로 했다. 출산을 앞두고 회사를 그만뒀다.

김지영의 선택이 남들이 안 겪는 일을 겪거나 극단적인 고난을 마주친 결과는 아니다. 남들처럼 취직을 하고 연애를 하고 결혼을 하고 출산을 했다. 그런데 고비마다 생전 처음인 어려움을 겪어야 했다. 가뜩이나 쉬운 일이 아닌 데다가 여자이기 때문이었다. 그래도 어떻게든 보통 사람들이 가는 삶의 경로를 뚜벅뚜벅 걸어가려고 했다.

그러던 김지영이 깜빡깜빡 정신을 잃어버리기 시작했다. 친정어머니의 말투로 남편을 '정서방'이라고 불렀다. 남편의 전여자 친구 말투로 아이 키우느라 힘든 지영이에게 잘해주라고 부탁했다. 추석에 시댁을 방문해서는 시어머니를 '사부인'이라 부르며 항의하는 말을 쏟아냈다. 남편과 시어머니를 향해 친정어머니의 목소리로 명절에 김지영을 친정으로 일찍 보내달라고 항의를 했다.

모든 게 여자라서 벌어진 일이었다. 바꿀 수 있는 일이었다면 그걸 바꾸는 게 우선일 것이다. 자신이 잘못한 것에 대한 결과라면 감수해야 할 일이다. 하지만 여자라는 건 존재의 문제다. 그냥 여자로 태어난 것에 무슨 이유가 있을까. 억울한 일들이 쌓이고 쌓이다 임계점을 넘어버렸다. 평소의 순한 김지영으로선 그걸 제정신을 차리고 항의하는 게 어려웠다. 그래서 다른 사람의 목소리를 빌려 하지 못할 말들을 쏟아낸다.

어쩌면 제정신은 자신을 버리는 쪽에 있다. 아내, 엄마, 며느리라는 역할이 옴짝달싹 못 하도록 삶을 죄어왔다. 타인의 목소리를 빌려서라도 이 장애물들을 넘어서려고 안간힘을 쓴다. 순하게 세상을 살아왔던 김지영은 자신을 버리고서야 하고 싶은 말들을 뱉어낸다.

계속 다니고 싶은 직장을 그만둬야 하는 김지영을 지켜보는 마음이 참 좋지 않았다. 차별 속에서 공부를 하고 취업을 하는데까지 어떻게든 도달한 여성들이, 결혼을 하고 출산과 육아를 겪으면서 사회에서 떨어져 나가기 시작한다. 내 세대에게 익숙한 일이 여전했다. 공부를 하고 취업을 하면서 생각했던 미래가 완전히 다른 세계의 일로 바뀌어버렸다.

어떻게든 될 줄 알았던 일은 전혀 어떻게 되지 않았다. 아이가 자라려면 누군가의 돌봄이 필요하고, 대개 여자라는 이유 하나로 아내에게 그 의무가 떨어진다. 김지영이 낮에 아이를 데리고 카페에 갔다가 들었던 '맘충' 같은 혐오의 단어와 마주하면, 돌봄노동이 존중을 받는지조차 모르겠다. 아이를 키우며 사회생활을 하는 것도 가시밭길이고, 사회에서 퇴장해 살림과 육아를 전담하는 것도 가시밭길이다.

경력 단절 여성의 비애

사회생활을 하다 그만둔 여성을 '경력 단절 여성(경단녀)'이라고 부른다. 내 경우 처음엔 몇 년 아이만 키워놓고 다시 사회로 나갈 결심을 했다. 그런데 한번 시작한 돌봄은 생각과 달리 계속 노력을 필요로 했다. 다른 대안이 없을까 여기저기 기웃거려보았지만, 언젠가부터 그것도 포기했다. 가사와 육아라는 게 쳇바퀴 도는 일이라 일상은 점차 지루해지고 삶이 그 자리에 머물러 있는 것처럼 느껴졌다. 82년생이라면 나의 세대보다는 좀 나아졌으면 좋았을 텐데, 김지영이 마주한 출산과 육아라는 현실은 별 차이가 없었다.

출산과 육아로 인한 경력 단절은 현재도 여성의 고통이다. 한국 사회에서 여성의 경제 참여율은 M자 모양을 보인다. 2021년 여성 고용률은 25~29세가 70.9%, 35~39세가 57.5%, 50~54세가 67.1%다. 20대 후반까지는 남성(66.4%)보다 오히려

출처: 이화여대

조남주/
『82년생 김지영』표지

근소하게 높다가 35~39세엔 남성(90.7%)보다 크게 낮아진다. 출산과 육아가 큰 영향을 미친 결과다. 2020년 조사한 여성 경력 단절 사유 1위는 육아(43.2%)이고, 그다음으로 결혼(27.3%)과 임신 및 출산(22.1%) 등이었다.

우리나라의 여성 경력 단절은 다른 나라와 비교해도 심각하다. 우리나라 30~40대 여성 고용률은 2019년 기준 경제협력개발기구 37개국 중 31위다. G5(미국·일본·독일·영국·프랑스)의 경우 여성 고용률이 20~40대까지 증가하다 50대에 들어 감소하는, '뒤집어진 U(∩)' 자를 보이는 것과 큰 차이다.

여성 개인이 어지간한 노력과 의지로 이걸 뛰어넘기는 어렵다. 출산과 육아로 문제를 좁혀보면 일단 제도적 뒷받침이 필요하다. 더 중요한 게 남녀평등 문화의 정착이다. 걱정스러운 건 이런 주제가 나올 때마다 펼쳐지는 남녀 대결 구도다. 『82년생 김지영』은 많은 독자들이 읽는 베스트셀러였지만 일부 남성들의 반발을 일으켰다. 몇몇 여자 연예인들은 이 책을 읽었다는 이유로 시달리기도 했다.

남녀평등의 문제는 제로섬 게임이 아니다. 김지영을 돕는 게 남편 정대현에게서 무언가를 뺏는 게 아니다. 김지영의 괴로움은 정대현의 괴로움이기도 하다. 아내가 괴로우면 남편도 괴롭고, 엄마가 괴로우면 아들도 괴롭고, 딸이 괴로우면 아버지도 괴롭다. 여자가 괴롭다는 게 남자가 괴롭지 않다는 것과 같은 뜻이 아니다. 남자도 당연히 이 팍팍한 세상을 살아가기가 힘들다. 남자와 여자 중 누가 더 억울한가를 따지기보다는 남녀 다 같이 잘 살 길을 찾아야 한다.

김지영을 치료한 정신과 의사는 능력 있는 안과 전문의였던 아내가 아이를 키우느라 일을 그만둔 걸 안타깝게 생각했다. 수학 영재였던 아내는 초등학교 수학 문제집을 잔뜩 푸는 데서 뜻 없는 성취감을 얻고 있었다. 정신과 의사는 아내와 김지영이 하고 싶은 일을 하며 자아를 실현할 수 있기를 바랐다. 하지만 그 역시 동료 상담사가 임신 때문에 일을 그만두자 후임은 미혼으로 알아보겠다고 결심한다. 현실은 언제나 이렇게 마음을 배반하게 한다.

아내와 김지영에게 그렇게 공감을 해놓고서도 왜 정신과 의사의 공감은 여성 일반에게로 확대되지 않는 걸까. 만약 부부가 공동으로 출산과 육아를 감당하고 그로 인한 손실은 국가가 충분히 보조를 해주면 어떨까. 다음 세대를 계속 낳고 길러야 사회가 유지될 테니 고용주들이 고용인들의 출산과 육아 책임을 감당하겠다는 자각을 갖고 실천하면 어떨까.

"나대! 막 나대!"

당신은 지금 때가 어느 땐데 그런 고리타분한 소릴 하고 있어? 지영아, 너 얌전히 있지 마! 나대! 막 나대! 알았지? 『82년생 김지영』, 105쪽 김지영의 아버지가 김지영에게 얌전히 있다 시집이나 가라고 하자 어머니는 숟가락으로 식탁을 내리치며 이렇게 소리쳤다. 이건 딸이 아니라 자신에게 전하는 말이었다. 방직공장을 다니며 오빠들의 학비를 댔던 어머니였다. 언젠가부터 어머니는 참지 않았다. 자신의 인생에서 절반의 성공을 어머니에게 돌리는 아버지에게, 못해도 자신이 7이고 남편이 3이라고 단호하게 말했다. 그리고 김지영을 적극적으로 응원했다.

김지영은 살아오며 많은 여자들의 응원을 받았다. 학원에서부터 김지영을 쫓아오던 남학생이 외진 정류장에서 따라 내렸다. 그런데 버스에서 아버지에게 문자를 보내느라 핸드폰을 빌렸던 여자가 급하게 내려 김지영을 도와줬다. 그날 아버지는 그런 일은 김지영에게 문제가 있어 발생한 거라고 야단쳤다. 여자는 전화를 한 김지영에게 그들이 문제지 학생에겐 아무 잘못이 없다며 위로를 했다.

입사한 직장의 여자 팀장은 말하지 않아도 알아서 커피를 타고 식당에 가면 숟가락을 놓던 김지영에게 여자 신입 사원이라고 해서 그런 일까지 하지 말라고 조언했다. 팀장은 관리직급이 된 후 여자 직원들의 출산 및 육아 휴가까지 보장했다. 알찬 응원이었다. 팀장은 퇴사하는 김지영에게 나중에 꼭 같이 일하자는 말도 잊지 않았다.

공감과 체험에서 나오는 응원이다. 이런 응원들을 보면 힘이 난다. 나 역시 응원을 보낸다. 그러다 드는 생각은 여자들만의 응원이 아니라 더 많은 남자들의 응원이 필요하다는 거다. 마음의 응원이 아니라 실천의 응원 말이다. "얌전히 있지 마! 나대! 막 나대!" 어머니만이 아니라 우리 사회의 많은 아버지가, 남편이, 아들이, 오빠가, 남동생이 이 말을 할 수 있는 날이 올까. 그런 날이 오길 바라고 있다.

다시 만난 여성들

초판 1쇄 발행 2024년 11월 20일

지은이 성지연
펴낸이 안병률
펴낸곳 북인더갭
등록 제396-2010-000040호
주소 10364 경기도 고양시 일산동구 고봉로 20-32, B동 617호
전화 031-901-8268
팩스 031-901-8280
홈페이지 www.bookinthegap.com
이메일 mokdong70@hanmail.net

ⓒ 성지연 2024
ISBN 979-11-85359-50-2 03330

* 이 책의 전부 또는 일부를 다시 사용하려면
  반드시 저작권자와 북인더갭 모두의 동의를 받아야 합니다.
* 책값은 표지 뒷면에 표시되어 있습니다.